A EUCARISTIA: FONTE E ÁPICE DA VIDA E DA MISSÃO DA IGREJA

INSTRUMENTUM LABORIS

Coleção Documentos da Igreja

1 – *A mensagem de Fátima* – Congregação para a Doutrina da Fé
2 – *Declaração* Dominus Iesus *sobre a unicidade e a universalidade salvífica de Jesus Cristo e da Igreja* – Congregação para a Doutrina da Fé
3 – *Instrução sobre as orações para alcançar de Deus a cura* – Congregação para a Doutrina da Fé
4 – *Família, matrimônio e "uniões de fato"* – Conselho Pontifício para a Família
5 – *A Igreja e as outras religiões: diálogo e missão* – Secretariado para os não-cristãos
6 – *Igreja e internet* – Pontifício Conselho para as Comunicações Sociais
7 – *Ética na internet* – Pontifício Conselho para as Comunicações Sociais
8 – *O povo judeu e as suas sagradas escrituras na Bíblia Cristã* – Pontifícia Comissão Bíblica
9 – *Partir de Cristo: um renovado compromisso da vida consagrada no terceiro milênio – Instrução* – Congregação para os Institutos de Vida Consagrada e as Sociedades de Vida Apostólica
10 – *O presbítero: pastor e guia da comunidade paroquial – Instrução* – Congregação para o Clero
11 – *Nota doutrinal sobre algumas questões relativas à participação e comportamento dos católicos na vida política* – Congregação para a Doutrina da Fé
12 – *Diretório sobre Piedade Popular e Liturgia – Princípios e Orientações* – Congregação para o Culto Divino e a Disciplina dos Sacramentos
13 – *Jesus Cristo, portador da água viva: uma reflexão cristã sobre a Nova Era* – Pontifício Conselho da Cultura e Pontifício Conselho para o Diálogo Inter-religioso
14 – *Considerações sobre os projetos de reconhecimento legal das uniões entre pessoas homossexuais* – Congregação para a Doutrina da Fé
15 – *Instrução* Erga Migrantes Caritas Christi: *a caridade de Cristo para com os migrantes* – Pontifício Conselho da Pastoral para os Migrantes e os Itinerantes
16 – *Instrução* Redemptionis Sacramentum *sobre alguns aspectos que se devem observar e evitar acerca da Santíssima Eucaristia* – Congregação para o Culto Divino e a Disciplina dos Sacramentos
17 – *Carta aos bispos da Igreja Católica sobre a colaboração do homem e da mulher na Igreja e no mundo* – Congregação para a Doutrina da Fé
18 – *Ano da Eucaristia: sugestões e propostas* – Congregação para o Culto Divino e a Disciplina dos Sacramentos

SÍNODO DOS BISPOS
XI ASSEMBLÉIA GERAL ORDINÁRIA

A EUCARISTIA: FONTE E ÁPICE DA VIDA E DA MISSÃO DA IGREJA

INSTRUMENTUM LABORIS

Direção-geral: *Flávia Reginatto*

Editora responsável: *Vera Ivanise Bombonatto*

© Copyright 2005 - Secretaria Geral do Sínodo dos Bispos e *Libreria Editrice Vaticana.*

Este texto pode ser reproduzido pelas conferências episcopais, ou com sua autorização, desde que seu conteúdo não seja modificado de nenhum modo e que duas cópias do mesmo sejam enviadas à *Secretaria Geral do Sínodo dos Bispos*, 00120 Cidade do Vaticano.

Nenhuma parte desta obra poderá ser reproduzida ou transmitida por qualquer forma e/ou quaisquer meios (eletrônico ou mecânico, incluindo fotocópia e gravação) ou arquivada em qualquer sistema ou banco de dados sem permissão escrita da Editora. Direitos reservados.

Paulinas

Rua Pedro de Toledo, 164
04039-000 – São Paulo – SP (Brasil)
Tel.: (11) 2125-3549 – Fax: (11) 2125-3548
http://www.paulinas.org.br – editora@paulinas.org.br
Telemarketing e SAC: 0800-7010081

© Pia Sociedade Filhas de São Paulo – São Paulo, 2005

PREFÁCIO

A Igreja vive da Eucaristia desde as suas origens. Nela, encontra a razão da sua existência, a fonte inesgotável da sua santidade, a força da unidade e o vínculo da comunhão, o vigor da sua vitalidade evangélica, o princípio da sua ação de evangelização, a fonte da caridade e o impulso da promoção humana, a antecipação da sua glória no banquete eterno das núpcias do Cordeiro (cf. Ap 19,7-9).

Entre os diversos graus de presença do Senhor ressuscitado na sua Igreja, ocupa lugar de destaque o sacramento da Eucaristia, em que, pela graça do Espírito Santo e as palavras da consagração, o pão e o vinho se tornam corpo e sangue de Jesus Cristo para glória e louvor de Deus Pai. Esse inestimável dom e grande mistério realizou-se na última ceia e, por ordem explícita do Senhor Jesus — "Fazei isto em memória de mim" (Lc 22,19) —, foi-nos transmitido pelos Apóstolos e seus sucessores. A esse respeito, escreve são Paulo, em referência ao pão e ao cálice da nova aliança: "Eu próprio recebi do Senhor o que por minha vez vos transmiti" (1Cor 11,23). Trata-se de tradição sagrada, que se transmite fielmente de geração em geração até aos nossos dias.

O depósito da fé eucarística, não obstante diversas controvérsias doutrinais e disciplinares, chegou até nós, por graça da Divina Providência, na sua pureza original, em virtude sobretudo da doutrina de dois concílios ecumênicos: o de Trento (1545-1563) e o do Vaticano II (1962-1965).

Muito contribuíram para uma melhor compreensão do mistério eucarístico diversos Sumos Pontífices, entre os quais merecem particular menção os papas Paulo VI e João Paulo II, de veneranda memória, ambos empenhados em aplicar no âmbito da Igreja universal as deliberações do Concílio Vaticano II. Durante o pontificado de João Paulo II, a Igreja católica foi enriquecida com grandes documentos sobre o sacramento da Eucaristia. Basta recordar o *Catecismo da Igreja Católica*, a encíclica *Ecclesia de Eucharistia* e a carta apostólica *Mane nobiscum Domine*. Também o atual santo padre Bento XVI entende colocar o seu pontificado na mesma perspectiva de atuação do Concílio Vaticano II e em fiel continuidade com a bimilenária tradição da Igreja, ao anunciar, já na primeira alocução dirigida através do Colégio dos Cardeais à Igreja inteira, que a Eucaristia é o centro permanente e a fonte do serviço petrino que lhe foi confiado.

Os referidos documentos contêm uma densa reflexão sobre o sacramento da Eucaristia com incidências significativas tanto espirituais como pastorais. Verificar, no início do terceiro milênio do cristianismo, de que modo tão rico patrimônio da fé é posto em prática na realidade da Igreja católica espalhada pelos cinco continentes é uma questão de sensibilidade pastoral, de responsabilidade episcopal e de visão profética.

Não foi, portanto, uma surpresa a proposta das conferências episcopais de todo o mundo e de outros organismos eclesiais, consultados pela Secretaria Geral do Sínodo dos Bispos e de acordo com o Conselho Ordinário, de apresentar à aprovação do Santo Padre o tema da Eucaristia para a XI Assembléia Geral Ordinária do Sínodo dos Bispos. Dada a importância da matéria, Sua Santidade acolheu de bom grado a sugestão, estabelecendo o tema: "A Eucaristia, fonte e ápice da vida e da missão da Igreja", e o tempo da assembléia: 2 a 23 de outubro de 2005. É claro para todos que na escolha do tema exista uma explícita referência ao ensinamento do Concílio Vaticano II sobre a Eucaristia, nomeadamente da Constituição dogmática *Lumen gentium* (n. 11), retomado mais tarde na encíclica *Ecclesia de Eucharistia* (nn. 1 e 13). Não se trata de uma referência casual, mas programática, procurando reavivar o entusiasmo do Concílio Ecumênico Vaticano II e ver de que forma o ensinamento sobre o sacramento da Eucaristia foi posto em prática à luz do sucessivo magistério da Igreja.

Com a ajuda dos membros do Conselho Ordinário, a Secretaria Geral do Sínodo dos Bispos começou a preparação da XI Assembléia Geral Ordinária com a elaboração dos *Lineamenta*. Tal documento foi publicado no início do ano de 2004 com a intenção de suscitar uma ampla reflexão eclesial sobre o mistério da Eucaristia, celebrado e adorado nas dioceses e nas comunidades da Igreja católica e anunciado ao mundo inteiro. O documento foi, com efeito, enviado às conferências episcopais, às Igrejas orientais católicas *sui iuris*, aos dicastérios da Cúria Romana e à União dos Superiores Gerais, com o expresso pedido de responderem, após reflexão e oração, a um questionário sobre diversas questões pastorais relativas à Eucaristia. O mesmo documento foi também objecto de larga difusão na Igreja e no mundo através dos meios de comunicação social. O povo de Deus, guiado pelos pastores, deu uma boa resposta à consulta, oferecendo válidos contributos sobre o tema em ordem à preparação da assembléia sinodal. Em diversos países foram promovidos debates no âmbito de dioceses, paróquias e outras comunidades eclesiais. Conseguiu-se realizar, assim, uma análise sobre a fé e a prática eucarísticas em nível de Igreja universal.

As reações chegaram à Secretaria Geral: em forma de "respostas", as dos organismos acima referidos com notável dimensão colegial; em forma de "observações", as dos que espontaneamente quiseram contribuir para o processo sinodal. Os resultados foram recolhidos no presente *Instrumentum laboris*, que é uma síntese fiel dos contributos recebidos. Refletindo sobre o teor das respostas, não se quis, com o documento, apresentar mais uma síntese teológica sistemática e completa do sacramento da Eucaristia, aliás, já existente na Igreja, mas tão-só recordar algumas verdades doutrinais de grande repercussão na celebração desse mistério sublime da nossa fé, realçando a sua grande riqueza pastoral. Daí que o documento se tenha concentrado sobretudo nos aspectos positivos da celebração eucarística, que congrega os fiéis e faz deles comunidade, não obstante as diferenças de raça, língua, nação e cultura. No documento, passa-se a mencionar também algumas omissões ou negligências na celebração da Eucaristia, felizmente bastante marginais, mas que servem para tomar uma maior consciência do respeito e piedade com que os membros do clero e todos os fiéis deveriam abeirar-se da Eucaristia para celebrar o seu sagrado mistério. O documento contém, por fim, uma série de propostas, sugeridas pelas numerosas respostas, e que são fruto de aprofundadas reflexões pastorais das Igrejas particulares e de outros organismos consultados.

É óbvio que a celebração do sacramento da Eucaristia se exprima nos diversos países e continentes de forma muito variada, o que é evidente, se se consideram as diferentes tradições espirituais ou ritos da Igreja católica. A diversidade, longe de enfraquecer a sua unidade, mostra a riqueza da Igreja na comunhão católica, caracterizada pela troca dos dons e das experiências. Os católicos de tradição latina descobrem essa riqueza na insigne espiritualidade das Igrejas orientais católicas, como resulta quer dos *Lineamenta*, quer do *Instrumentum laboris*. Por sua vez, os cristãos das tradições orientais descobrem o notável patrimônio teológico e espiritual da tradição latina. Semelhante atitude tem também uma finalidade ecumênica, pois, se a Igreja católica respira por dois pulmões, e disso é grata à divina Providência, por outro lado aguarda o feliz dia em que essa riqueza espiritual possa ser ampliada, reavivada por uma unidade plena e visível com as Igrejas orientais, que, embora na falta de uma plena comunhão, em boa parte professam a mesma fé no mistério de Jesus Cristo Eucaristia.

O *Instrumentum laboris* destina-se aos padres sinodais como documento de trabalho e de ulterior reflexão sobre a Eucaristia, que, como coração da Igreja, a impele, na comunhão, para um renovado esforço missionário. A reflexão será certamente frutuosa, porque o espírito de colegialidade, próprio das reuniões sinodais, favorecerá a criação de consensos sobre as propostas destinadas ao santo padre. Conseguir-se-ão também abundantes frutos da reforma litúrgica, da investigação exegética e do aprofundamento teológico que marcaram o período posterior ao Concílio Vaticano II.

Das respostas sintetizadas no *Instrumentum laboris* emerge o voto do povo de Deus para que os trabalhos dos padres sinodais, reunidos com o bispo de Roma, chefe do Colégio episcopal e presidente do Sínodo, e com outros representantes da comunidade eclesial, ajudem a redescobrir a beleza da Eucaristia, que é sacrifício, memorial e banquete de Jesus Cristo, salvador e redentor do mundo. Os fiéis aguardam orientações adequadas para celebrar mais dignamente o sacramento da Eucaristia, pão descido do céu (cf. Jo 6,58) e oferecido a Deus Pai no seu Filho unigênito; para adorar mais devotamente o Senhor nas espécies do pão e do vinho e para reforçar os laços de unidade e comunhão entre os que se nutrem do corpo e sangue do Senhor. Tal expectativa não surpreende, uma vez que os cristãos que tomam parte na mesa do Senhor, iluminados pela graça do Espírito Santo, são parte viva da Igreja, corpo místico de Jesus Cristo; são suas testemunhas no ambiente de vida e de trabalho, atentos às necessidades espirituais e materiais do ser humano de hoje, e ativos na construção de um mundo mais justo, onde não falte a ninguém o pão nosso de cada dia.

Os padres do Sínodo cumprirão as suas tarefas sinodais seguindo o exemplo da bem-aventurada Virgem Maria, mulher eucarística, na sua disponibilidade a fazer a vontade de Deus Pai e em espírito de abertura às inspirações do Espírito Santo.

Num trabalho tão importante, confiam no apoio dos vínculos da comunhão com o clero e com os fiéis, que neste Ano da Eucaristia e com renovado zelo não cessam de rezar, celebrar, adorar e testemunhar, com a vida cristã e a caridade fraterna, a fecundidade do mistério eucarístico, anunciando com novo vigor apostólico, aos de perto e aos de longe, a beleza do grande mistério da fé contido no sacramento da Eucaristia, fonte e ápice da vida e da missão da Igreja para o terceiro milênio do cristianismo.

† Nikola Eteroviæ
Arcebispo titular de Sisak
Secretário Geral

INTRODUÇÃO

A Assembléia sinodal no Ano da Eucaristia

1. A próxima Assembléia Geral Ordinária do Sínodo dos Bispos, que se realizará de 2 a 23 de outubro de 2005 sobre o tema *A Eucaristia: fonte e ápice da vida e da missão da Igreja*, é precedida de uma fase preparatória que empenha toda a Igreja espalhada no mundo, graças também ao magistério de João Paulo II, que promulgou a encíclica *Ecclesia de Eucharistia* e a carta apostólica *Mane nobiscum Domine*, e dos bispos e teólogos do 48º Congresso Eucarístico Internacional de Guadalajara, no México.[1] Também se consideram de certa forma relacionados com o tema sinodal a instrução *Redemptionis sacramentum* e o subsídio *Ano da Eucaristia. Sugestões e propostas*, documentos da Congregação para o Culto Divino e a Disciplina dos Sacramentos, este último publicado por ocasião da abertura do Ano da Eucaristia, que, aberto em 17 de outubro de 2004, encerrará precisamente com o Sínodo.

Para orientar a preparação específica, foram preparados os *Lineamenta*, não para oferecer um tratado completo sobre a Eucaristia, nem para simplesmente repropor os ensina-

---

[1] Cf. *XLVIII Conventus Eucharisticus Internationalis*, 10-17 Octobris 2004: *Eucharistia, Lux et Vita Novi Millennii, Memoria*, Guadalaiara, Mexicum, 2004.

mentos doutrinais contidos nos documentos acima referidos, mas para delinear as questões mais salientes no quadro dos pontos essenciais da doutrina eucarística da Igreja, à luz da Sagrada Escritura e da Tradição.

Sobre os *Lineamenta* e respectivo questionário, receberam-se respostas das conferências episcopais, das Igrejas orientais católicas *sui iuris*, da Cúria Romana e da União dos Superiores Gerais, bem como observações de bispos, sacerdotes, religiosos, teólogos e fiéis leigos, que depois foram recolhidas no *Instrumentum laboris*, documento de trabalho da futura assembléia que serve para *informar* sobre a realidade da fé, do culto e da vida eucarística das Igrejas particulares espalhadas pelo mundo e para *confrontá-la* com a da Igreja universal.

O Instrumentum laboris e o seu uso

2. Para favorecer a reflexão e a discussão preparatórias, bem como as intervenções e o debate na sala sinodal, o *Instrumentum laboris* enuncia os dados doutrinal e pastoral. Nesses dois campos, de fato, encontram-se constantemente empenhados os bispos no exercício do seu tríplice múnus episcopal de ensinar, santificar e governar o povo de Deus. Com efeito, a práxis da Igreja no mundo deve confrontar-se continuamente com a doutrina perene alimentada pela sagrada escritura e pela tradição.

Aplicando o método ao tema do Sínodo, há de verificar se a *lei da oração* corresponde à *lei da fé*; ou seja, perguntar em que crê e como vive o povo de Deus para que a Eucaristia possa ser cada vez mais a fonte e o ápice da vida e da missão da Igreja e de cada fiel, através da liturgia, da espiritualidade e da catequese, nos âmbitos culturais, sociais e políticos.

Das respostas aos *Lineamenta* emerge a necessidade de compreender a Eucaristia à luz da sua dúplice qualidade de *fons et culmen* na Igreja. O sacrifício sacramental é *fonte* enquanto, em virtude das palavras do Senhor e por obra do Espírito Santo, contém a eficácia da paixão de Jesus Cristo e a força da sua ressurreição. A Eucaristia é também *ápice* da vida da Igreja enquanto leva à comunhão com o Senhor para a santificação e divinização do ser humano, membro de uma comunidade congregada à volta da mesa do Senhor. Desta verdade, *fons et culmen*, nasce o empenho de transformar as realidades temporais. Tal é o tema geral do Sínodo. Pode-se dizer que na Eucaristia está contido o *sentido* do sacrifício de Jesus: Deus doa-se total e gratuitamente, e o ser humano entrega-se completamente ao Pai que o ama. Trata-se de uma dupla expressão de amor, que de certa maneira corresponde à Eucaristia como sacrifício e como banquete.

As respostas, em geral, apreciaram o fato de os *Lineamenta* terem convidado a olhar não só para a Eucaristia da liturgia de tradição latina, mas também para a das liturgias das tradições orientais. A osmose é considerada enriquecedora e benéfica, até para realçar as luzes e dissipar as sombras que se verificam em não poucos lugares. O texto do *Instrumentum laboris* procura fazer o mesmo, abarcando a inteira tradição da Igreja e não só a perspectiva do rito latino, embora não se possa ignorar que alguns fenômenos são próprios deste último.

Este *Instrumentum laboris* é agora apresentado à reflexão dos pastores das Igrejas particulares, para que, juntamente com o povo de Deus, se preparem para o Sínodo, onde os padres oferecerão ao bispo de Roma propostas úteis para a renovação eucarística da vida eclesial.

I PARTE

A EUCARISTIA
E O MUNDO DE HOJE

Capítulo I

FOME DO PÃO DE DEUS

*O pão de Deus é o que desce do céu
para dar a vida ao mundo. Disseram-lhe eles:
Senhor, dá-nos sempre desse pão (Jo 6,33-34)*

Pão para o ser humano no mundo

3. À multidão que lhe pedia um sinal para poder acreditar, Jesus apresentou-se ele próprio como o verdadeiro pão que sacia o ser humano (cf. Jo 6,35), o pão que desce do céu para dar a vida ao mundo. Também o mundo de hoje precisa desse pão para ter a vida. No diálogo com Jesus, que se apresentava como o pão para a vida do mundo, a multidão espontaneamente pediu-lhe: "Senhor, dá-nos sempre desse pão". É um pedido significativo, expressão do profundo desejo radicado no coração, não só dos fiéis, mas de todo ser humano que aspira à felicidade simbolizada no pão da vida eterna. Também o mundo, neste ano do Senhor de 2005, apesar das dificuldades e contradições de vária espécie, aspira à felicidade e deseja o pão da vida, da alma e do corpo. Para dar uma resposta a esse anseio humano, o papa fez um vivo apelo a toda a Igreja para que o Ano da Eucaristia fosse também ocasião de um empenho sério e profundo na luta contra o drama da fome, o flagelo das doenças, a solidão dos anciãos, as dificuldades dos desempregados e

as deslocações dos migrantes. Os frutos desse empenho serão a prova da autenticidade das celebrações eucarísticas.[1]

Não só o ser humano, mas toda a criação espera novos céus e nova terra (cf. 2Pd 3,13) e a recapitulação de todas as coisas em Cristo, inclusive as terrenas (cf. Ef 1,10). Por isso a Eucaristia, sendo o ápice para que tende toda a criação, é a resposta à preocupação do mundo contemporâneo, mesmo em vista do equilíbrio ecológico. De fato, o pão e o vinho, matéria que Jesus Cristo escolheu para toda a santa missa, unem a celebração eucarística à realidade do mundo criado e confiado ao ser humano (cf. Gn 1,28), no respeito das leis que o Criador imprimiu nas obras das suas mãos. O pão, que se torna corpo de Cristo, seja produzido por uma terra fértil, pura e incontaminada. O vinho, que se transforma no sangue do Senhor Jesus, seja sinal de um trabalho de transformação do criado segundo as necessidades dos seres humanos, preocupados também em salvaguardar os recursos necessários para as gerações futuras. A água, que unida ao vinho simboliza a união da natureza humana com a divina no Senhor Jesus, conserve as suas qualidades salutares para os seres humanos sedentos de Deus, "nascente de água que jorra para a vida eterna" (Jo 4,14).

Alguns dados estatísticos essenciais

4. O tema do Sínodo, *A Eucaristia: fonte e ápice da vida e da missão da Igreja*, exige, portanto, que se olhe também

---

[1] Cf. Ioannes Paulus II, litt. ap. *Mane nobiscum Domine* (7 Octobris 2004), 28: *L'Osservatore Romano* (9 Octobris 2004), 6.

para alguns dados significativos do mundo, em que a Igreja vive e atua. Na impossibilidade de dar um quadro completo e exaustivo, fazem-se algumas notas e considerações de caráter geral.

Alguns dados mostram claramente a relação estatística entre a população em geral e os fiéis que professam a fé católica. Note-se, a propósito, que os católicos em 2003 eram cerca de um bilhão e oitenta e seis milhões, com um aumento de quinze milhões em relação ao ano precedente, assim distribuído por continentes: + 4,5% na África, + 1,2% na América, + 2,2% na Ásia e + 1,3% na Oceania. Na Europa existe uma situação praticamente de estabilidade. A leitura dos dados sobre a distribuição dos católicos nas diferentes áreas geográficas mostra como 49,8% dos católicos do mundo se encontram na América, 25,8% na Europa, 13,2% na África, 10,4% na Ásia e 0,8% na Oceania.[2] Em relação à população total, a percentagem dos católicos por continente é a seguinte: 62,46%, na América, 39,59% na Europa, 26,39% na Oceania, 16,89% na África e 2,93% na Ásia.[3]

Do ponto de vista da distribuição geográfica da Igreja, note-se que em 2003 as circunscrições eclesiásticas eram 2.893, mais dez do que no ano precedente, e com um aumento em todos os continentes.[4] O número de bispos no mundo cresceu 27,68%, passando dos 3.714 de 1978 aos 4.742 de 2003, enquanto os sacerdotes em 2003 eram 405.450 (268.041

---

[2] Cf. *L'Osservatore Romano* (31 Ianuarii - 1 Februarii 2005), 6.

[3] Cf. *Annuarium Statisticum Ecclesiæ 2003*, tab. 4.

[4] Cf. *Annuarium Statisticum Ecclesiæ 1978/2003*, tab. 1.

diocesanos e 137.409 religiosos) e em 1978 eram 420.971 (262.485 diocesanos e 158.486 religiosos), portanto com um decréscimo de 3,69%, devido a uma diminuição dos sacerdotes religiosos na ordem dos 13,30% e um correspondente aumento de 2,12% dos sacerdotes diocesanos. Também diminuiu em 27,94% o número de religiosos professos não-sacerdotes (75.802 em 1978 e 54.620 em 2003). Verifica-se, igualmente, uma queda de 21,65% no número das religiosas professas (990.768 em 1978 e 776.269 em 2003).[5]

Sendo a celebração do sacramento da Eucaristia essencialmente ligada ao sacramento da Ordem, há de ter presente também o aumento de católicos por cada sacerdote no mesmo período 1978-2003. Passou-se, com efeito, de 1.797 católicos por sacerdote no início do período para 2.677 no fim. A proporção é bastante diversificada de continente para continente. Por exemplo, aos cerca de 1.386 católicos por sacerdote na Europa, a África apresenta cerca de 4.723, a América 4.453, a Ásia 2.407 e a Oceania 1.746.[6] Note-se, por outro lado, que, no mesmo período, os diáconos permanentes constituem o grupo que mais cresceu: no conjunto dos cinco continentes, mais do que quintuplicaram, com um incremento da ordem dos 466,7%. Tem o seu interesse o fato de essa figura religiosa ter larga difusão na América, sobretudo na do Norte, onde se encontram 65,7% de todos os diáconos do mundo; vem a seguir a Europa, com 32%.

---

[5] Cf. *Ibid.*, tab. 5.

[6] Cf. *Annuarium Statisticum Ecclesiæ 2003*, tab. 6.

É, do mesmo modo, relevante o papel que, em todo o mundo, desempenham na evangelização os missionários leigos (172.331) e os catequistas (2.847.673).[7]

5. O Sínodo realiza-se num momento marcado por fortes contrastes na família humana. A globalização facilita a percepção da unidade do gênero humano, também graças aos meios de comunicação social que informam acerca do que acontece em qualquer canto do mundo. É um dado importante do progresso da técnica, que nas últimas décadas conheceu avanços excepcionais. Infelizmente, porém, a globalização e o progresso técnico não favoreceram a paz e uma maior justiça entre as nações ricas e as nações pobres do terceiro e quarto mundo. Tudo leva a crer que, infelizmente, enquanto os padres sinodais estiverem reunidos, em várias partes do mundo continuarão a perpetrar-se atos de violência, terrorismo e guerras. Ao mesmo tempo, muitos irmãos e irmãs serão vítimas de diversas doenças, como a aids, que semearão desolação em várias camadas da população, sobretudo nos países pobres.

Persistirá, infelizmente, o escândalo da fome, fenômeno que se tem agravado nos últimos anos, uma vez que mais de um bilhão de pessoas vivem na miséria. Devem, portanto, ter-se em conta alguns fenômenos relativos à realidade social, nomeadamente a fome, que não podem ser neglicenciados ao se tratar da relação da Igreja com o mundo em termos de evangelização. A Igreja, de fato, desde sempre associou o

---

[7] Cf. *Ibid.*, tab. 5.

anúncio do Evangelho e a transmissão da salvação através dos sacramentos às obras de promoção humana em tantos campos da vida social, como a saúde, a assistência humanitária e a educação. Daí que não se possa esquecer, entre outras coisas, o fato de, entre 1999 e 2001, ter havido no mundo 842 milhões de pessoas subalimentadas, 798 milhões das quais nos países em vias de desenvolvimento, sobretudo na África, ao Sul do Saara, na Ásia e no Pacífico.[8] Uma realidade tão dramática não pode ficar alheia à reflexão dos padres sinodais, que, como todos os cristãos, várias vezes ao dia rezam ao Senhor: "O pão nosso de cada dia nos dai hoje".

A Eucaristia nos diversos contextos da Igreja

6. Das respostas aos *Lineamenta* emerge o fato de a frequência à missa dominical ser bastante elevada nas diversas Igrejas particulares das nações africanas e em algumas da Ásia. Dá-se o fenômeno oposto na maior parte dos países europeus e americanos e em alguns da Oceania, atingindo mínimos percentuais de 5%. Os fiéis que negligenciam o preceito dominical não dão, o mais das vezes, grande importância à participação na missa. No fundo, até nem sabem o que seja verdadeiramente o sacrifício e banquete eucarísticos que juntam os fiéis em volta do altar.

A missa pré-festiva dá a muitos a possibilidade de satisfazer o preceito, embora se aproveite, em certos casos, para

---

[8] Notitiæ a F.A.O. datæ mense Ianuario 2005.

realizar atividades laborais no domingo. Em muitos lugares, a missa nos dias de semana é freqüentada por poucas pessoas, quer de forma habitual, quer ocasionalmente, quer por andar envolvido na vida eclesial.

Dever-se-ia encorajar uma mais constante e intensa atividade de catequese sobre a importância e o dever de participar na santa missa aos domingos e dias de preceito. Por vezes, desvaloriza-se o preceito ao afirmar que é suficiente observá-lo quando o estado de ânimo o sugerir.

7. É possível individuar, nas Igrejas particulares, alguns fenômenos significativos. Assiste-se a um declínio na prática da fé e na freqüência da missa, sobretudo da parte dos jovens. Por isso a necessidade de refletir sobre quanto tempo os pastores e os catequistas dedicam à educação dos jovens e das crianças à fé e quanto dedicam a outras atividades, como as sociais.

Assiste-se, nas sociedades secularizadas, a uma quebra do sentido do mistério, em parte também devido a interpretações e comportamentos contrários ao sentido da reforma litúrgica conciliar e que levam a ritos banais e pobres de sentido espiritual. Noutros lugares, as comunidades cristãs conservaram um profundo sentido do mistério, e aí a liturgia continua a ter um grande significado.

Exprime-se a satisfação por uma liturgia inculturada que permite obter uma melhor participação ativa na mesma. O resultado é uma maior participação na missa, com muitos jovens e adultos participando na vida e missão da Igreja. Quando, nas áreas rurais, por falta de clero, a missa é celebrada uma ou outra vez por mês, se não por ano, é inevitável que o serviço dominical seja confiado a leigos.

8. Deve-se esclarecer que o acesso ao mistério depende de uma digna celebração da liturgia, da sua esmerada preparação e sobretudo da *fé* no próprio mistério. Para o efeito, é de grande ajuda a encíclica *Redemptoris missio*, que pôs em evidência os dois aspectos da falta de fé que estão a incidir negativamente no fervor missionário: a secularização da salvação e o relativismo religioso. A primeira leva certamente a empenhar-se em favor do ser humano, mas de um ser humano limitado à sua dimensão horizontal.[9] Há quem dê a impressão de vincular a vocação de ministro dos mistérios de Deus à de um promotor da justiça social. O segundo leva a eliminar a verdade do cristianismo, ao considerar que uma religião vale tanto como a outra.[10] Em vez de ficar lamentando, João Paulo II, na carta apostólica *Novo millennio ineunte*, exorta a reforçar a ação missionária da Igreja.[11]

O tema do Sínodo pode ser tratado de forma correta se se tem em conta semelhante contexto e se não se esquece que, para os apóstolos e para os santos Padres — basta pensar em são Justino —,[12] a Eucaristia é a ação mais santa da Igreja, que

---

[9] Cf. Ioannes Paulus II, litt. enc. *Redemptoris missio* (7 Decembris 1990), 11: *AAS* 83 (1991) 260.

[10] *Ibid.*, 36: *AAS* 83 (1991) 281.

[11] Cf. Ioannes Paulus II, litt. ap. *Novo millennio ineunte* (6 Ianuarii 2001), 2: *AAS* 93 (2001) 267.

[12] Cf. S. Iustinus, *Apologia I, 66, de Eucharistia: Corpus Apologetarum Christianorum* I, pars I, Wiesbaden 1969, pp. 180-182.

acredita firmemente que nela está presente o Senhor Jesus ressuscitado. Essa presença é o efeito fundamental do sacramento.

É precisamente esse acontecimento, resultante da transformação das espécies do pão e do vinho, que leva a Igreja a aproximar-se, sempre com temor e tremor e, ao mesmo tempo, com confiança, do mistério que constitui a essência da liturgia. Hoje sente-se a necessidade de reafirmar o respeito para com o mistério da Eucaristia e a consciência da sua intangibilidade. Daí que se deva seguir um programa articulado de formação. Muito, porém, dependerá da existência de lugares exemplares, onde se acredite verdadeiramente na Eucaristia, celebrando-a de maneira correta e podendo viver pessoalmente o que ela é: a única verdadeira resposta à busca do sentido da vida, que caracteriza o ser humano de todas as latitudes.

A Eucaristia e o sentido cristão da vida

9. O ser humano interroga-se sobre o *sentido da vida*: para que serve a minha vida? Que é a liberdade? Por que existe o sofrimento e a morte? Existe algo para além da morte? Numa palavra, a vida do ser humano tem ou não um sentido?[13] A interrogação persiste, mesmo quando o ser humano se ilude de ter alcançado a auto-suficiência ou se deixa dominar pelo medo e pela incerteza. A religião é a resposta

---

[13] Cf. Ioannes Paulus II, litt. enc. *Fides et ratio* (14 Novembris 1998), 81: *AAS* 91 (1999) 68-69.

definitiva à pergunta sobre o sentido da vida, porque leva o ser humano à verdade sobre si mesmo na relação com o verdadeiro Deus.

A Eucaristia, que revela o sentido cristão da vida,[14] responde a essa pergunta anunciando a ressurreição e a presença verdadeira, plena e duradoura do Senhor, como penhor da glória futura. Isso implica que o ser humano ponha a sua relação com Deus na base de tudo, porque ele é a fonte de liberdade que lhe permite entrar no mais profundo de si mesmo para gratuitamente se entregar, o que acontece no mistério pascal, onde a verdade e o amor se encontram, mostrando serem eles os distintivos da verdadeira religião. Assim, a Eucaristia confirma a verdade da Palavra de Deus: *nihil hoc verbo veritatis verius*, como canta o hino *Adoro te devote*.

O sentido da Eucaristia é integralmente explicado pelas palavras de Jesus: "Fazei isto em memória de mim" (Lc 22,19). Em primeiro lugar, essas palavras anunciam que Jesus Cristo introduziu no tempo a eternidade, dando ao mesmo a orientação definitiva e eliminando o seu poder de aniquilamento. Em segundo lugar, com essas palavras, põe-se em evidência que a liberdade de Deus e a do ser humano se encontram em Jesus, criando uma comunhão que permite derrotar o maligno. Por fim, essas palavras significam que Jesus Cristo é a fonte inesgotável de renovação do ser humano e do mundo, não obstante os limites e o pecado dos seres humanos.

---

[14] *Missale romanum*, oratio post communionem, I dominica Adventus.

10. As respostas aos *Lineamenta* denunciam um certo afastamento da vida pastoral em relação à Eucaristia. Por isso se espera do Sínodo um encorajamento a reforçar a ligação entre a vida e a missão. A Eucaristia é a resposta *aos sinais dos tempos* da cultura contemporânea. À cultura da morte, a Eucaristia responde com a cultura da vida. Contra o egoísmo individual e social, a Eucaristia afirma a doação total. Ao ódio e ao terrorismo, a Eucaristia contrapõe o amor. Perante o positivismo científico, a Eucaristia proclama o mistério. Opondo-se ao desespero, a Eucaristia ensina a esperança segura da eternidade feliz.

A Eucaristia mostra que a Igreja e o futuro do gênero humano estão ligados a Cristo, única rocha verdadeiramente duradoura, e não a qualquer outra realidade. Por isso a vitória de Cristo é o povo cristão, que crê, celebra e vive o mistério eucarístico.

Capítulo II

A EUCARISTIA
E A COMUNHÃO ECLESIAL

Uma vez que existe um só pão, nós, que somos muitos,
formamos um só corpo,
visto participarmos todos desse único pão (1Cor 10,17)

O mistério eucarístico, expressão de unidade eclesial

11. Ao exortar os fiéis a fugir da idolatria, abstendo-se de comer a carne imolada aos ídolos, são Paulo realça o estreito vínculo de comunhão dos cristãos com o sangue de Cristo e com o seu corpo, capaz de formar da multidão dos fiéis uma só comunidade, uma só Igreja (cf. 1Cor 8,1-10).

O tema da comunhão eclesial foi objeto de particular atenção por parte do Concílio Ecumênico Vaticano II.[1] Tanto é que o tema foi particularmente evidenciado na relação final da II Assembléia Geral Extraordinária do Sínodo dos bispos, celebrada para comemorar o 25º aniversário do

---

[1] Cf. Conc. Œcum. Vat. II, const. dogm. de Ecclesia *Lumen gentium*, 4, 8, 13-15, 18, 21, 24-25; const. dogm. de divina revelatione *Dei Verbum*, 10; const. past. de Ecclesia in mundo huius temporis *Gaudium et spes*, 32; decr. de œcumenismo *Unitatis redintegratio*, 2-4, 14-15, 17-19, 22.

referido concílio,[2] bem como num documento que a Congregação para a Doutrina da Fé enviou aos bispos da Igreja católica.[3] O tema foi também amplamente tratado no capítulo VI da exortação apostólica pós-sinodal *Pastores gregis*, promulgada pelo papa João Paulo II após a X Assembléia Geral Ordinária do Sínodo dos bispos. Nesse documento pontifício, que recolhe a reflexão sinodal sobre o tema, é posto em evidência como a comunhão dos bispos com o sucessor de Pedro, sinal da unidade entre a Igreja universal e as Igrejas particulares, tem um ponto culminante na celebração eucarística dos bispos com o papa durante as visitas *ad limina*. A Eucaristia presidida pelo Santo Padre e concelebrada pelos pastores das Igrejas particulares exprime de forma excelente a unidade da Igreja. Essa concelebração ajuda a compreender mais claramente que

> toda a Eucaristia [...] é celebrada em comunhão com o bispo próprio, com o romano pontífice e com o Colégio episcopal e, através desses, com os fiéis da Igreja particular e da Igreja inteira, de modo que a Igreja universal está presente na Igreja particular e esta está inserida, com as demais Igrejas particulares, na comunhão da Igreja universal.[4]

---

[2] Cf. II Coetus Extraordinarius Synodi Episcoporum (1985), *Relatio finalis* II, C, 1.

[3] Cf. Congregatio pro Doctrina Fidei, litt. ad catholicæ Ecclesiæ episcopos de aliquibus aspectibus Ecclesiæ prout est communio *Communionis notio* (28 Maii 1992): *AAS* 85 (1993) 838-850.ja considerada comuho documento finl-4, 14-15, 17-19, 22.

[4] Ioannes Paulus II, adhort. ap. post-syn. *Pastores gregis* (16 Octobris 2003), 57: *AAS* 96 (2004) 900-901.

Em relação à temática da Eucaristia como expressão da comunhão eclesial, emergem das respostas aos *Lineamenta* os seguintes temas, que merecem um tratamento especial: relação entre a Eucaristia e a Igreja; relação entre a Eucaristia e os outros sacramentos, em especial a Penitência; relação entre a Eucaristia e os fiéis; sombras na celebração da Eucaristia.

A relação entre a Eucaristia e a Igreja, "esposa e corpo de Cristo"

12. A Eucaristia é o coração da comunhão eclesial. O Concílio, entre tantas imagens da Igreja, privilegiou uma que exprime toda a sua realidade: a de *mistério*. Antes de mais nada, a Igreja é mistério do encontro entre Deus e a humanidade; por isso a Igreja é *esposa* e *corpo* de Cristo, povo de Deus e Mãe. A mútua relação entre a Eucaristia e a Igreja permite aplicar a ambas as designações do credo: una, santa, católica e apostólica, que a encíclica *Ecclesia de Eucharistia* veio explicar ulteriormente.[5]

A Eucaristia edifica a Igreja e a Igreja é o lugar onde se realiza a comunhão com Deus e com os seres humanos. A Igreja é consciente de que a Eucaristia é o sacramento da unidade e da santidade, da apostolicidade e da catolicidade, sacramento essencial para a Igreja, esposa de Cristo e seu corpo. As designações da Igreja são, ao mesmo tempo, *os vínculos* da comunhão católica, que dão *legitimidade* à celebração da Eucaristia.

---

[5] Cf. Ioannes Paulus II, litt. enc. *Ecclesia de Eucharistia* (17 Aprilis 2003), 26: *AAS* 95 (2003) 451.

João Paulo II recordava que "a Igreja é o corpo de Cristo: caminha-se 'com Cristo' na medida em que se está em relação 'com o seu corpo'".[6] É aqui que encontram o seu verdadeiro sentido o cumprimento das normas e o decoro da celebração: trata-se da obediência a Cristo por parte da Igreja, sua esposa.

13. A Igreja faz a Eucaristia e a Eucaristia faz a Igreja. Embora tenham sido ambas instituídas por Cristo, uma em vista da outra, os dois termos da conhecida máxima não são equivalentes. Se a Eucaristia faz crescer a Igreja, porque no sacramento se encontra Cristo vivo, ainda antes ele quis a Igreja para que esta celebre a Eucaristia. Os cristãos do Oriente dão especial realce ao fato de, desde a criação, a Igreja preexistir à sua realização terrena. A pertença à Igreja é prioritária para que se possa ter acesso aos sacramentos: não se pode aceder à Eucaristia sem antes ter recebido o Batismo, ou não se pode voltar à Eucaristia sem antes ter recebido a Penitência, o chamado batismo *laboriosus* para os pecados graves. Desde as suas origens e para exprimir essa urgência propedêutica, a Igreja instituiu, respectivamente, o catecumenato para a iniciação e o itinerário penitencial para a reconciliação. Por outro lado, não há Eucaristia válida e legítima sem o sacramento da Ordem.

É por isso que a encíclica *Ecclesia de Eucharistia* fala de "influxo causal da Eucaristia na própria origem da Igreja",[7]

---

[6] Ioannes Paulus II, litt. ap. *Mane nobiscum Domine* (7 Octobris 2004), 20: *L'Osservatore Romano* (9 Octobris 2004), 6.

e de uma estreita ligação entre uma e outra.[8] Com tais premissas, compreende-se melhor a afirmação de que

> a celebração da Eucaristia não pode ser o ponto de partida da comunhão, cuja existência ela pressupõe e a cuja consolidação e perfeição destina-se. O sacramento exprime esse vínculo de comunhão, tanto na dimensão invisível [...] como na visível [...] A relação íntima entre os elementos invisíveis e os elementos visíveis da comunhão eclesial é constitutiva da Igreja enquanto sacramento de salvação. Só nesse contexto têm lugar a celebração legítima da Eucaristia e a autêntica participação nela.[9]

Falar de eclesiologia eucarística não significa que, na Igreja, tudo se possa deduzir da Eucaristia, que, todavia, não deixa de ser fonte e ápice da vida eclesial. Diz, com efeito, o Concílio Vaticano II que "a sagrada liturgia não esgota toda a ação da Igreja, porque os seres humanos, antes de poderem participar na liturgia, têm de escutar o apelo à fé e à conversão".[10]

O espaço onde naturalmente se desenrola a vida eclesial é a paróquia. Devidamente renovada e animada, ela deveria ser o lugar próprio para a formação e o culto eucarístico, uma vez que, como ensinava o papa João Paulo II, a paróquia é

---

[7] Ioannes Paulus II, litt. enc. *Ecclesia de Eucharistia* (17 Aprilis 2003), 21: *AAS* 95 (2003) 447.

[8] Cf. *Ibid.*, 26: *AAS* 95 (2003) 451.

[9] *Ibid.*, 35: *AAS* 95 (2003) 457.

[10] Conc. Œcum. Vat. II, const. de sacra liturgia *Sacrosanctum concilium*, 9.

"a comunidade de batizados que exprime e afirma a sua identidade sobretudo através da celebração do sacrifício eucarístico".[11] Por outro lado, ela também terá de servir-se da experiência e do contributo dos movimentos e das novas comunidades, que sob o impulso do Espírito Santo souberam valorizar, segundo os próprios carismas, os elementos da iniciação cristã, ajudando assim muitos fiéis a descobrirem a beleza da vocação cristã, cujo centro é, para todos os membros da comunidade paroquial, o sacramento da Eucaristia.

14. A expressão litúrgica da eclesiologia católica encontra-se na anáfora, por meio dos chamados *díticos*, que lembram a dimensão eucarística do primado do papa, bispo de Roma, qual elemento interior para a Igreja universal, análogo ao do bispo para a Igreja particular.[12] É a única Eucaristia que congrega na unidade a Igreja contra toda a fragmentação. A única Igreja querida por Cristo aponta sempre para uma Eucaristia que se realiza em comunhão com o colégio apostólico, cujo chefe é o sucessor de Pedro. É esse o vínculo que dá legitimidade à Eucaristia. Não é conforme com a unidade eucarística querida por Cristo limitar-se a uma comunhão transversal entre as Igrejas chamadas irmãs. É elemento intrínseco ao sacramento a comunhão com o sucessor de Pedro, princípio de unidade na Igreja, depositário

---

[11] Ioannes Paulus II, litt. enc. *Ecclesia de Eucharistia* (17 Aprilis 2003), 32: *AAS* 95 (2003) 455.

[12] Cf. Congregatio pro Doctrina Fidei, litt. ad catholicæ Ecclesiæ episcopos de aliquibus aspectibus Ecclesiæ prout est communio *Communionis notio* (28 Maii 1992) 14 : *AAS* 85 (1993) 846-847.

do carisma de unidade e universalidade, que é o carisma petrino. Portanto a unidade eclesial manifesta-se na unidade sacramental e eucarística dos cristãos.

A relação entre a Eucaristia e os outros sacramentos

15. Existe uma relação específica da Eucaristia com os demais sacramentos. A tal respeito, há de ter-se presente, por um lado, que, segundo o Concílio de Trento, os sacramentos "contêm a graça que significam" e conferem-na por força da sua celebração.[13] Por outro lado, todos os sacramentos, como todos os ministérios eclesiásticos e obras de apostolado, estão estreitamente unidos à sagrada Eucaristia e a ela se ordenam.[14] Portanto o sacramento da Eucaristia é "a perfeição das perfeições".[15]

A relação com a Eucaristia não se limita à celebração litúrgica, mas toca de modo especial a essência de cada sacramento. O sacramento do batismo é indispensável para entrar na comunhão eclesial, que é reforçada pelos outros sacramentos, oferecendo ao crente "graça sobre graça" (Jo 1,16). É conhecida a relação fundamental entre o batismo e a eucaristia enquanto fonte da vida cristã. Nas igrejas de tradição oriental, recebe-se com o batismo também a sagrada comunhão, en-

---

[13] Conc. Œcum Tridentin., decr. *de Sacramentis*, Sessio VII (3 Martii 1547), can 6: *DS* (1973) 1606; cf. *Can 8: DS* (1973), 1608.

[14] Cf. Conc. Œcum. Vat. II, decr. de presbyterorum ministerio et vita *Presbyterorum ordinis*, 5.

[15] Pseudo-Dionysius Areopagita, *De ecclesiastica hierarchia* III,1: *PG* 3, 424 c.

quanto nas Igrejas de tradição latina acede-se à eucaristia na idade da razão, e só depois de ter recebido o batismo.

As respostas aos *Lineamenta* recomendam que se explicite a relação teológica entre o *batismo* e a *eucaristia* como ápice da iniciação, mesmo que isso não deva levar necessariamente a celebrar o batismo sempre na missa. Não faltam preocupações sobre a qualidade de uma adequada catequese em matéria.

16. Existe uma ligação teológica entre a *confirmação* e a *eucaristia*, porque o Espírito Santo leva o ser humano a acreditar no Senhor Jesus Cristo. Para melhor evidenciar essa ligação, em algumas Igrejas particulares voltou-se à prática de administrar a confirmação antes da comunhão.

A eucaristia é o ápice de um verdadeiro itinerário da iniciação cristã. Viver como cristão significa tornar atual o dom do batismo, reavivado pela crisma e alimentado com uma participação regular na santa missa nos domingos e dias de preceito.

Constata-se que, com freqüência, se delega aos sacerdotes a administração da crisma, com o conseqüente risco de pôr em segundo plano o fato de o bispo ser o seu ministro originário. Assim, tira-se aos novos crismados a oportunidade de encontrarem-se com o pai e chefe visível da Igreja particular.

17. Algumas respostas levantam a questão da idade ideal para receber o sacramento da crisma na Igreja de tradição latina, considerados os bons resultados espirituais e pastorais de uma administração da sagrada comunhão nos primeiros anos da infância. Seria o caso de recordar, a propó-

sito, a constatação de João Paulo II no seu livro *Alzatevi, andiamo!*,[16] que mais recentemente observava que

> as crianças são o presente e o futuro da Igreja. Desempenham um papel ativo na evangelização do mundo, e com as suas orações contribuem para salvá-lo e melhorá-lo.[17]

No passado e em relação ao mesmo tema, com o decreto *Quam singulari*, passou-se a admitir as crianças à eucaristia a partir dos sete anos, idade considerada do uso da razão, quando já é possível distinguir o pão eucarístico do pão comum, fazendo-a preceder da confissão sacramental.[18] Tal orientação parece ser hoje mais necessária, quando se alcança com maior precocidade o uso da razão, com os seus perigos e tentações. Semelhante prática evidencia o primado da graça, com grandes benefícios para a Igreja, até em termos de promoção das vocações sacerdotais.

18. A relação entre a *sagrada ordem* e a *eucaristia* é visível precisamente na missa presidida pelo bispo ou pelo sacerdote *in persona Christi capitis*. A doutrina da Igreja faz da ordem a condição imprescindível para a validade da celebração da eucaristia.

---

[16] Cf. Ioannes Paulus II, *Alzatevi, andiamo!*, Romæ 2004, 81.

[17] Ioannes Paulus II, *Angelus* (6 Ianuarii 2005): *L'Osservatore Romano*, (7-8 Ianuarii 2005), 1.

[18] Cf. Sacra Congregatio de Disciplina Sacramentorum, decr. *Quam singulari* (8 Augusti 1910), 3: *AAS* 2 (1910) 582.

Por isso a insistente recomendação para evidenciar-se "a função sacerdotal do sacerdócio ministerial na celebração da Eucaristia, diferente do sacerdócio comum dos fiéis na essência e não apenas no grau".[19] Até por isso, deve-se recomendar que os presbíteros participem na Eucaristia como celebrantes, desempenhando a função própria da sua ordem.[20]

19. É costume, nas Igrejas de tradição latina, celebrar o *matrimônio* durante a celebração da *Eucaristia*, contrariamente ao que acontece nas Igrejas orientais.

Quando o matrimônio for celebrado na missa, aproveite-se para indicar como modelo do amor cristão o amor com que Jesus Cristo, na Eucaristia, ama a sua Igreja como sua esposa, a ponto de dar a vida por ela. Deve-se acenar a esse amor esponsal também quando o sacramento do matrimônio for celebrado fora da missa.[21] A Eucaristia é, portanto, a fonte inesgotável da unidade e do amor indissolúvel do matrimônio e torna-se o alimento de toda a família na construção de um lar cristão.

20. A relação entre a *Eucaristia* e a *unção dos enfermos* tem a sua origem "institutiva", aliás, como todos os sacramentos, na pessoa de Cristo, que manifestava na solicitude para com os enfermos de toda espécie o sentido da sua missão de curar e salvar o ser humano.

---

[19] Congregatio de Cultu Divino et Disciplina Sacramentorum, instr. *Eucharisticum mysterium* (25 Maii 1967), 11: *AAS* 59 (1967) 548.

[20] Cf. *Ibid.*, 43: *AAS* 59 (1967) 564.

[21] Cf. *Ibid.*, 36: *AAS* 59 (1967) 561.

Nas respostas aos *Lineamenta* recomenda-se que se apresente a relação entre a unção e a Eucaristia como consolação e esperança na doença, mais do que como último viático. Convidam-se os ministros extraordinários da comunhão a serem solícitos com os doentes graves e com as pessoas anciãs impedidas de participar fisicamente na celebração eucarística na igreja. Para bem desses, seria muito oportuno, como sugerem algumas respostas, potenciar o uso dos *meios de comunicação social* na transmissão de santas missas e de outras celebrações litúrgicas. Ao utilizar essa moderna tecnologia, convém que quantos nela se empenham recebam uma adequada formação teológica, pedagógica e cultural.

21. Sobre a integração dos sacramentos na missa, as normas litúrgicas das Igrejas orientais não a prevêem, embora se dêem, aqui e além, algumas excepções com o batismo e o matrimônio. Cabe a cada Igreja emanar oportunas normas sobre a matéria.

Para as Igrejas particulares de rito latino, as respostas mostram que a integração é feita de modo diversificado, conforme os costumes, que variam de país para país. Há dioceses que têm normas para regular a celebração dos sacramentos e dos sacramentais durante a missa, sobretudo os matrimônios mistos e os funerais de não-praticantes.

Os rituais normalmente distinguem, como fazem nomeadamente os do batismo e da penitência, entre rito individual e rito comunitário. Se bem que, do ponto de vista pastoral, se prefira este último, não se deve cair numa espécie de comunitarismo, já porque o sacramento é sempre um dom ao indivíduo e também porque o fiel tem direito, sob determinadas condições, a uma administração individual do sacramento.

A estreita ligação da Eucaristia com a penitência

22. O sacramento da reconciliação restabelece os vínculos de comunhão que o pecado mortal rompeu.[22] Merece, portanto, especial atenção a relação da Eucaristia com o sacramento da reconciliação. As respostas evidenciam a necessidade de repropô-la no contexto da relação entre a Eucaristia e a Igreja, e como condição para encontrar e adorar o Senhor, que é o Santíssimo, em espírito de santidade e de coração puro. Ele lavou os pés dos apóstolos para indicar a santidade do mistério. O pecado, como afirma são Paulo, provoca uma profanação semelhante à prostituição, porque os nossos corpos são membros de Cristo (cf. 1Cor 6,15-17). Diz, por exemplo, são Cesário de Arles:

> Todas as vezes que entramos na igreja, arrumemos as nossas almas como desejaríamos encontrar o templo de Deus. Queres encontrar uma basílica toda esplendente? Não manches a tua alma com a sujeira do pecado.[23]

A relação entre a Eucaristia e a penitência na sociedade de hoje depende muito do sentido do pecado e do sentido de Deus.

---

[22] Cf. Ioannes Paulus II, adhort. ap. post-syn., *Reconciliatio et pœnitentia* (2 Decembris 1984), 27: *AAS* 77 (1985) 249.

[23] S. Cæsarius Arelatensis, Sermo 229 *De natale templi*, 3: *CCL* 104, 9.

A distinção entre o bem e o mal facilmente se torna subjetiva. O ser humano moderno, insistindo unilateralmente no juízo da própria consciência, corre o risco de alterar profundamente o sentido do pecado.

23. São muitas as respostas aos *Lineamenta* que fazem referência à relação entre a Eucaristia e a reconciliação.

Em muitos países perdeu-se ou está se perdendo a noção da necessidade de converter-se para receber a Eucaristia. A relação com a penitência nem sempre é entendida como a necessidade de estar em estado de graça no momento de receber a comunhão, por isso neglicencia-se a obrigação de confessar os pecados mortais.[24]

A própria ideia de comunhão como "alimento para a viagem" levou a relativizar a necessidade do estado de graça. Ao contrário, como o alimentar-se pressupõe um organismo vivo e sadio, assim a Eucaristia exige o estado de graça para reforçar o compromisso batismal: não se pode estar em estado de pecado mortal para receber aquele que é o *remédio* da imortalidade e o *antídoto* para não morrer.[25]

Muitos fiéis sabem que não se pode receber a comunhão em pecado mortal, mas falta-lhes uma idéia clara do que seja o pecado mortal. E há quem já nem se interrogue sobre isso. Cria-se com frequência o círculo vicioso: "Não comungo,

---

[24] Cf. Ioannes Paulus II, litt. enc. *Ecclesia de Eucharistia* (17 Aprilis 2003), 36: *AAS* 95 (2003) 458.

[25] Cf. S. Ignatius Antiochenus, *Ad Ephesios* 20, 2: Patres apostolici, F.X. Funk ed., Tübingen 1992, 88.

porque não me confessei; não me confesso, porque não cometi pecados". As causas podem ser várias, mas uma das principais é a falta de catequese sobre o tema.

Um outro fenômeno muito comum é o de não facilitar com horários apropriados o acesso ao sacramento da reconciliação. Em certos países, não se celebra a penitência individual; no máximo, faz-se duas vezes por ano uma celebração comunitária, segundo uma modalidade a meio caminho entre a segunda e a terceira fórmula prevista no ritual.

Não se pode, certamente, ignorar a grande desproporção entre os muitos que comungam e os poucos que se confessam. É muito freqüente os fiéis receberem a comunhão sem pensar no estado de pecado grave em que possam encontrar-se. Daí que a ida de divorciados casados no civil em novas núpcias à comunhão seja um fenômeno freqüente em vários países. Nas missas de funerais, ou de núpcias, ou outras, muitos se abeiram da comunhão só por uma generalizada convicção de que a missa não é válida sem a comunhão.

24. Perante tais realidades pastorais, muitas respostas reagem, todavia, de forma encorajadora. Pedem para ajudar as pessoas a tomar consciência das condições de receber a comunhão e da necessidade da penitência, que, precedida do exame de consciência, prepara o coração, purificando-o do pecado. Para o efeito, conviria que o celebrante falasse com freqüência, mesmo na homilia, da relação entre os dois sacramentos.

Foi expresso o desejo de, em todo lugar, voltar a dar ao *jejum* eucarístico a rigorosa atenção que as igrejas do Oriente

continuam a dar-lhe.[26] O jejum, com efeito, como autodo-
mínio, empenha a vontade e leva à purificação da mente e
do coração. Diz santo Atanásio: "Queres saber o que o jejum faz? [...] Expulsa os demônios e liberta dos maus pen-
samentos, alegra a mente e purifica o coração".[27] Na liturgia
quaresmal apela-se freqüentemente para a purificação do
coração através do jejum e do silêncio, como recomenda
são Basílio.[28] Uma ou outra resposta aos *Lineamenta* abor-
da se não conviria voltar à obrigação das três horas de jejum eucarístico.

Convida-se a envidar esforços para promover a prática da
reconciliação individual, por meio da colaboração
interparoquial aos sábados e domingos, sobretudo no Advento e Quaresma. Muito mais poderia ser feito quanto à
pregação e à catequese para recuperar o sentido do pecado
e a prática penitencial, superando as dificuldades criadas
pela mentalidade secularizada.

Considera-se necessário dar a possibilidade de confessar-
se antes da missa, adaptando os horários à real situação dos
penitentes, e mesmo durante a celebração eucarística, como
recomenda o moto-próprio *Misericórdia Dei*.[29]

---

[26] Cf. Congregationis pro Ecclesiis Orientalibus, *Instruction pour l' application des prescriptions liturgiques du Code des Canons des églises orientales* (6 Ianuarii 1996), 62.

[27] Pseudo-Athanasius, *De virginitate*, 7: *PG* 28, 260 A.

[28] Cf. S. Basilius Cæsariensis, *Epistola* 2: *PG* 32, 228 A.

[29] Cf. Ioannes Paulus II, litt. ap. motu proprio datæ *Misericordia Dei* (7 Aprilis 2002), 2: *AAS* 94 (2002) 455.

Haverá de estimular os sacerdotes a uma maior disponibilidade para o ministério da confissão, qual ocasião privilegiada de tornarem-se sinais e instrumentos da misericórdia de Deus. A Igreja é, todavia, profundamente grata com os sacerdotes que devotadamente exercem esse ministério, preparando assim os fiéis a encontrarem e receberem Cristo na Eucaristia. Os fiéis sentir-se-ão atraídos para o sacramento da penitência, sobretudo se virem o sacerdote no confessionário, como testemunharam nos nossos dias são Leopoldo Mandiæ, são Pio de Pietrelcina e tantos outros santos pastores.

A relação entre a Eucaristia e os fiéis

25. Os fiéis leigos, parte essencial da Igreja-comunhão, hierarquicamente estruturada, como ensinam o Concílio Vaticano II e outros documentos do magistério,[30] são chamados à santa assembléia para participar na celebração eucarística.

A encarnação do Verbo, no qual Deus Pai se tornou visível, inaugurou o culto espiritual que se realiza, segundo os ditames da razão, no Espírito Santo. O culto, portanto, já não pode ser um "arremedo de usos humanos" (Is 29,13). O culto cristão tem uma implicação cristológica e antropológica; por isso que a *participação* dos fiéis na liturgia, sobretudo na celebração eucarística, consiste essencialmente

---

[30] Cf. Conc. Œcum. Vat. II, const. dogm. de Ecclesia *Lumen gentium*, 10-11; const. de sacra liturgia *Sacrosanctum concilium*, 10-11; Ioannes Paulus II, adhort. ap. post-syn. *Christifideles laici* (30 Dicembris 1988), 9 et 20: *AAS* 81 (1989) 405-406; 425-427.

em entrar nesse culto, em que Deus desce para o ser humano e o ser humano sobe para Deus. A própria Eucaristia, memorial do Filho, é o culto de adoração que no Espírito sobe ao Pai. Tal é o fundamento da renovação litúrgica concebida pelo Concílio Vaticano II.

São muitos a constatar que a participação na Eucaristia freqüentemente se reduz aos aspectos exteriores. Nem todos compreendem o seu verdadeiro sentido, que nasce da fé em Jesus Cristo, filho de Deus. A participação na Eucaristia é considerada justamente como ato primário da vida da Igreja, como comunhão com a vida trinitária: com o Pai, que é fonte de todo dom; com o Filho encarnado e ressuscitado, e com o Espírito Santo, que opera a transformação e a divinização da vida humana.

As respostas aos *Lineamenta* convergem na necessidade de ajudar os fiéis a compreenderem a natureza da Eucaristia e a sua relação com a encarnação do Verbo; por isso a necessidade de participar no mistério eucarístico com o coração e a mente, e sobretudo com a oferta de si próprio, mais do que com atos externos. A esse propósito sugere-se que se explicite a relação esponsal da Eucaristia com a nova aliança, como modelo das vocações do cristão: matrimônio, virgindade e sacerdócio. Tudo isso tem como objetivo a formação de pessoas e comunidades eucarísticas que amem e sirvam como Jesus na Eucaristia.

26. Conviria, igualmente, potencializar os meios de comunicação já existentes, sobretudo para facilitar a participação dos fiéis, que por várias razões se encontrem impedidos de participar pessoalmente nas celebrações eucarísticas

na igreja, como recomenda o concílio Vaticano II.[31] Há propostas relativas aos meios de comunicação social da Santa Sé, que, com a melhor sinergia possível, são capazes de oferecer, com tempestividade e competência, bons serviços à Igreja universal, até para reagir prontamente à difusão de princípios anticristãos. Nesse empenho, deveriam ter papel relevante todos os meios de comunicação de inspiração católica. É urgente potencializá-los para que se proponha de forma equilibrada e positiva a mensagem cristã, e assim iluminar a consciência dos seres humanos de boa vontade sobre temas éticos e morais de grande importância para a vida da Igreja e da sociedade.

Sombras na celebração da Eucaristia

27. A comunhão eclesial é gravemente perturbada e ferida por sombras que se verificam na celebração eucarística, e que também as respostas aos *Lineamenta* assinalam. O tema, já abordado pelo papa João Paulo II na encíclica *Ecclesia de Eucharistia*[32] e tratado com mais pormenor na instrução *Redemptionis sacramentum*,[33] é um convite a lançar um olhar atento e sereno, mas não menos crítico, sobre a maneira como a Igreja celebra esse sacramento, que é a fonte e o ápice da

---

[31] Cf. Conc. Œcum. Vat. II, const. de sacra liturgia *Sacrosanctum concilium*, 20.

[32] Cf. Ioannes Paulus II, litt. enc. *Ecclesia de Eucharistia* (17 Aprilis 2003), 10: *AAS* 95 (2003) 439.

[33] Cf. Congregatio de Cultu Divino et Disciplina Sacramentorum, instr. *Redemptionis sacramentum* (23 Aprilis 2004), 172-184: *AAS* 96 (2004) 597-600.

sua vida e missão. O fato de semelhante convite ter sido feito neste momento histórico, em que a Igreja se encontra cada vez mais empenhada no diálogo com as religiões e com o mundo, é uma inspiração providencial do sucessor de Pedro, que mostra como a Igreja deve sempre olhar para si própria, a fim de poder relacionar-se com os interlocutores, sem perder a sua identidade de sacramento universal de salvação.

No presente texto serão indicadas diversas sombras que emergem da análise das respostas aos *Lineamenta*. Tais relevos devem ser vistos não tanto como simples transgressões das rubricas e das práticas litúrgicas, mas sobretudo como expressão de comportamentos mais profundos.

Verifica-se uma queda de freqüência na celebração do *Dies Domini* nos domingos e dias de preceito, devida a uma insuficiente noção do conteúdo e significado do mistério eucarístico e ao indiferentismo, sobretudo nos países em acelerado processo de secularização, onde freqüentemente o domingo se transforma num dia de trabalho.

É freqüente a idéia de que é a comunidade que cria a presença de Cristo, em vez de ser este a fonte e o centro da nossa comunhão e a cabeça do seu corpo, que é a Igreja.

Está sendo alterado o sentido do sagrado em relação a este grande sacramento, como efeito de um enfraquecimento da oração, da contemplação e da adoração do mistério eucarístico.

Corre-se o risco de comprometer a verdade do dogma católico da transformação do pão e do vinho no corpo e sangue de Jesus Cristo, tradicionalmente chamada de transubstanciação e, por conseguinte, da presença real de Cristo na

Eucaristia, num contexto de idéias que pretendem explicar o mistério eucarístico, não já em si mesmo, mas na perspectiva do sujeito com que se entra em relação, por exemplo, com termos como transfinalização e transignificação. Verifica-se uma incoerência entre a fé professada no sacramento e a dimensão moral, tanto na esfera pessoal como na mais vasta da cultura e da vida social.

São pouco conhecidos os documentos da Igreja, nomeadamente os do Concílio Vaticano II, as grandes encíclicas sobre a Eucaristia, inclusive a *Ecclesia de Eucharistia*, a carta apostólica *Mane nobiscum Domine* e outros. Deixa de haver um justo equilíbrio na celebração: passa-se de um ritualismo passivo a uma criatividade exagerada, que por vezes assume expressões de protagonismo do celebrante da Eucaristia, caracterizado não raras vezes pela loquacidade e por comentários exagerados e compridos, que não deixam o ministro falar com o rito e as fórmulas da liturgia.

II PARTE

A FÉ DA IGREJA NO MISTÉRIO DA EUCARISTIA

Capítulo I

A EUCARISTIA, DOM DE DEUS AO SEU POVO

Mistério da fé

A Eucaristia, mistério da fé

28. Com essa expressão o sacerdote que preside à Eucaristia proclama maravilhado a fé da Igreja no Senhor ressuscitado, realmente presente sob as espécies do pão e do vinho, transformados pela graça do Espírito Santo no corpo e no sangue do Senhor Jesus.

É conhecida a insistência do magistério conciliar sobre a Eucaristia como centro e coração da vida da Igreja e, antes de mais, como *mistério da fé*, desígnio de Deus revelado em Jesus Cristo. Deus que se oferece ele próprio a nós, que está conosco, é dom e mistério de inefável riqueza, dom e mistério que continuamente se devem descobrir. O *Mysterium fidei* é Deus que se dá a nós, o primeiro, o último e o vivente que entra no tempo. O Senhor Jesus é verdadeiramente homem e verdadeiramente Deus no meio de nós; é o Filho de Deus e o Filho do Homem.

Um conhecido texto do Concílio Vaticano II responde ao interrogativo sobre a fé e sobre o mistério:

O mistério do ser humano só se compreende verdadeiramente no mistério do Verbo encarnado [...]. Cristo, na mesma revelação do mistério do Pai e do seu amor, manifesta perfeitamente o ser humano ao próprio ser humano e descobre-lhe a sublimidade da sua vocação.[1]

A palavra mistério aparece, na citada passagem, três vezes, condensando a verdade sobre Cristo e a verdade sobre o ser humano. O mistério do Verbo, o mistério do Pai e o mistério do ser humano deixam de ser um enigma insolúvel para encontrar resposta em Jesus Cristo, que é verdadeiro Deus e verdadeiro homem. Tornando-se "verdadeiramente um de nós" e estando unido "de certa maneira a todo ser humano",[2] ele abriu a quantos o queiram encontrar o caminho que leva ao sentido pleno da existência. Não se alheou do humano, mas completou a verdade da criação, porque "trabalhou com mãos humanas, pensou com uma mente humana, agiu com uma vontade humana, amou com um coração humano".[3] João Paulo II havia retomado esse tema na sua primeira encíclica *Redemptor hominis*,[4] como a querer fazer dele o programa da Igreja, chamada a deduzir da verdade sobre Cristo a verdade sobre o ser humano, que se encontra no próprio Evangelho.

29. O fato e mistério da encarnação, morte e ressurreição do Senhor Jesus Cristo, que permite ao ser humano participar na

---

[1] Conc. Œcum. Vat. II, const. past. de Ecclesia in mundo huius temporis *Gaudium et spes*, 22.

[2] *Ibid.*

[3] *Ibid.*

[4] Cf. Ioannes Paulus II, litt. enc. *Redemptor hominis* (4 Martii 1979), 8: *AAS* 71 (1979) 270-272.

vida divina, está presente na Eucaristia, pão de vida eterna, porque traz em si a força de vencer a morte. "Quem come a minha carne e bebe o meu sangue tem a vida eterna, e eu o ressuscitarei no último dia" (Jo 6,54). A ressurreição é, portanto, a permanente fonte de sentido oferecida à humanidade.

A Eucaristia é, por conseguinte, o centro do anúncio que os cristãos, há dois mil anos, levam ao mundo: Jesus, o crucificado, de morto que era, voltou à vida e disso somos testemunhas (cf. 1Cor 15,3-5).

A Eucaristia anuncia a morte de Cristo, que, na sua dramaticidade, todos podem compreender mas ao mesmo tempo também proclama a sua ressurreição, que exige fé e abertura para acolher Deus na nossa existência. A fé é o novo estilo de vida que nasce da Eucaristia e traz em si mesma o sentido último e definitivo do esperar pela vinda do Senhor.

Sem a fé, não se pode celebrar nem viver a Eucaristia, como lembra o trinômio fé-liturgia-vida, tão frequente nos planos pastorais. Sem a fé, não se pode sequer pôr a questão da *participação ativa* na liturgia.

A Eucaristia, nova e eterna aliança

30. Como recorda o *Catecismo da Igreja católica*, citando santo Irineu:

> A Eucaristia é o resumo e a suma da nossa fé: "A nossa maneira de pensar concorda com a Eucaristia e a Eucaristia, por sua vez, confirma a nossa maneira de pensar".[5]

---

[5] *Catechismus Catholicæ Ecclesiæ*, 1327.

Como não ver realizada aqui a aliança com Deus, de que o ser humano precisa para viver; a aliança da fé? "Se não acreditardes, não vos mantereis firmes" (Is 7,9b) — diz o Senhor. A Eucaristia é a aliança nova e eterna, o pacto e o testamento que Jesus deixou no sacramento do seu corpo e sangue.

Com efeito, a Igreja inteira exprime na Eucaristia a sua fé: depois de ter escutado a Palavra, professa-se a fé no mistério eucarístico, revelação e dom do próprio Deus em Jesus, que leva os cristãos à doação plena e perfeita de si mesmos. Sobretudo na Eucaristia, fé significa reconhecer e acolher Jesus Cristo como num *encontro*, em que a pessoa do fiel se envolve totalmente, a exemplo de Maria, modelo de fé plenamente realizada.

A fé e a celebração da Eucaristia

31. As respostas aos *Lineamenta* põem em realce as características da fé como condições necessárias para celebrar a Eucaristia. Nela se manifesta o primado da *graça* de Deus, que está sempre na origem de tudo e que, com o dom do Espírito Santo, leva-nos a acolher a sua ação misteriosa no sacramento para a transformação do pão e do vinho no corpo e sangue de Jesus e para a nossa santificação. Se se vai à liturgia eucarística sem acreditar na graça e sem, pelo menos, ter o desejo de estar em *estado de graça*, não se dá *participação* adoradora em espírito e verdade.

Na Eucaristia proclama-se a verdade da Palavra de Deus que se revelou em Jesus, Verbo feito carne, que traz em si a realização última da história humana. Se se vai à liturgia da Eucaristia com dúvidas, em vez da aceitação da verdade, não se dá verdadeira participação.

O dom da *liberdade* que o Criador fez à sua criatura faz com que a fé seja um ato livre de adesão à pessoa de Jesus, caminho, verdade e vida (cf. Jo 14,6). Na liturgia da Eucaristia, Jesus dá-se a conhecer, mas ao mesmo tempo, permanece oculto para levar a razão e a inteligência do crente a procurá-lo constantemente e, assim, encontrá-lo presente na vida. Tal é a ação do mistério a que a liturgia conduz, cada vez com mais profundidade. Os Padres chamavam-na *mistagogia*.

O *amor* atua e completa a fé, como dizem os apóstolos Tiago e Paulo (cf. Tg 2,14 ss; Rm 13,10; Gl 5,6). A fé muda o coração do crente, converte-o e abre-o ao amor. A fé e o amor, juntamente com a esperança, fundam o ser cristão. A Eucaristia é o sacramento do amor, que abre o ser humano ao amor e permite-lhe encontrar a sua origem e razão de ser. Sem ágape não há vida no Espírito.

Todas essas características levam a *participação* à sua expressão mais elevada, que é a de cumprir a vontade de Deus, como se pede na oração do pai-nosso, em vista da plenitude da comunhão. Pode-se, certamente, participar na missa, mesmo não estando em condições de se abeirar da comunhão, mas sempre com o desejo e a vontade de reavê-las quanto antes.

A fé pessoal e eclesial

32. A comunhão com Cristo e com a Igreja faz com que a dimensão *pessoal* da fé tenda constantemente para a dimensão *eclesial*, precisamente como faz a liturgia desde a profissão de fé batismal. Por isso, sem batismo não se tem acesso à Eucaristia, que pressupõe a fé. Assim, se com o pecado vier a perder-se a graça batismal, requer-se o batismo *laboriosus*, ou seja, a penitência, para voltar à Eucaristia.

Antes da Eucaristia, renova-se a profissão de fé, vínculo imprescindível que atesta a comunhão de cada Igreja particular com as demais Igrejas locais espalhadas pelo mundo e, em primeiro lugar, com a Igreja de Roma e o seu bispo, princípio indispensável da unidade. O mesmo se faz na anáfora, quando se proclamam os *díticos*. Na Eucaristia, exprimimos a fé pessoal e eclesial.

A participação na Eucaristia afina a inteligência do mistério que envolve o ser humano e a sua vida, e ajuda o cristão a defender a própria fé diante de interpretações parciais ou errôneas. Não por nada, a liturgia é parte integrante do caminho de fé que dura a vida inteira.

O sentido global da fé colhe-se, sobretudo, no testemunho dos *mártires* que livremente aceitaram a morte infligida por ódio à fé, não raras vezes durante ou logo a seguir à celebração eucarística. Tinham eles a certeza de estar na verdade e de ter a vida, seguindo a Cristo, que se ofereceu livremente, deixando na Eucaristia o memorial do seu sacrifício. Não há dúvida que, no martírio, a Eucaristia manifesta-se no mais alto grau como *fons et culmen* da vida e da missão da Igreja, como acontece em tantas Igrejas, que são alvo de perseguições, abertas ou disfarçadas.

A percepção do mistério eucarístico entre os fiéis

33. As respostas aos *Lineamenta* acenam a uma certa diminuição da percepção do mistério celebrado. Nem sempre se compreendem plenamente o dom e o mistério da Eucaristia. O fenômeno apresenta-se, todavia, com diversos matizes, conforme os contextos culturais. Por exemplo, nos

países onde reina um clima generalizado de paz e prosperidade, na maior parte ocidentais, muitos fiéis vêem o mistério eucarístico como cumprimento do preceito festivo e concebem-no como uma refeição fraterna. Já nos países dilacerados pela guerra e por dificuldades existenciais de vários gêneros, nota-se uma mais profunda compreensão do mistério eucarístico na sua integralidade, na sua dimensão sacrificial inclusive. O mistério pascal celebrado de forma incruenta sobre o altar dá um sentido espiritual muito profundo aos sofrimentos dos cristãos católicos nessas terras, ajudando-os a aceitá-los com a participação no mistério da morte e ressurreição do Senhor Jesus Cristo.

Em algumas respostas provenientes da Igreja que vive na África acena-se ao fato de a idéia de sacrifício fazer parte da cultura local. Por isso tal concepção, devidamente sublimada e expurgada de elementos estranhos ao Evangelho, seja muitas vezes utilizada pastoralmente na catequese para melhor compreender a dimensão sacrificial da Eucaristia.

Na catequese depara-se com a dificuldade de manter juntas as dimensões de sacrifício e convívio, acabando muitas vezes por acentuar esta última.

Para fazer frente a tais situações pastorais, muitas respostas aos *Lineamenta* pedem que se proceda a uma eficaz e fiel aplicação da reforma litúrgica, a fim de restabelecer o equilíbrio entre as diversas dimensões da Eucaristia. Se necessário, poder-se-ia pensar na eventualidade de retocar as normas litúrgicas. Ao mesmo tempo, pede-se que se promova uma adequada catequese, em todos os níveis, para levar a compreender melhor que, na Eucaristia, se renova o mistério pascal e que ela é sacrifício de louvor e de comunhão, que faz crescer a comunidade.

O sentido do sagrado na Eucaristia

34. Não se põem em dúvida os grandes frutos da reforma litúrgica, atuada segundo o espírito do Concílio Vaticano II. De fato, a liturgia pós-conciliar favoreceu muito a participação ativa, consciente e frutuosa dos fiéis no santo sacrifício do altar.[6]

Todavia, segundo as respostas provenientes de não poucas nações, notam-se, tanto da parte do clero como dos fiéis, faltas e sombras na prática da celebração eucarística, que parecem ter a sua origem num diminuído sentido do sagrado em relação ao sacramento. A salvaguarda de tal sentido depende fundamentalmente da consciência de que a Eucaristia é um mistério e um dom, cujo memorial exige sinais e palavras que correspondam à natureza sacramental.

São freqüentemente assinalados nas respostas aos *Lineamenta* certos atos que contrariam o sentido do sagrado. É o caso do desleixo no uso dos devidos ornamentos litúrgicos por parte do celebrante e dos ministros; a falta de decência no vestir por parte dos que participam na missa; a semelhança de certos cantos usados no culto com os profanos; a tácita conivência na eliminação de certos gestos litúrgicos, porque considerados demasiado tradicionais, como a genuflexão diante

---

[6] Cf. Ioannes Paulus II, litt. enc. *Ecclesia de Eucharistia* (17 Aprilis 2003), 10: *AAS* 95 (2003) 439.

do Santíssimo Sacramento; uma imprópria distribuição da comunhão na mão, por falta de uma conveniente catequese; atitudes pouco reverentes, antes, durante e depois da celebração da santa missa, não só da parte dos leigos, mas também do próprio celebrante; a fraca qualidade arquitetônica e artística dos edifícios e alfaias sagradas; casos de sincretismo, resultantes de uma precipitada inculturação das formas litúrgicas misturada com elementos de outras religiões.

Todas essas realidades negativas, mais freqüentes na liturgia latina do que nas orientais, felizmente são circunscritas, pelo que não devem levar a falsos alarmismos. Devem, todavia, provocar uma reflexão profunda e sincera para eliminá-las e fazer com que as liturgias eucarísticas se tornem lugares de louvor, oração, comunhão, escuta, silêncio e adoração, no respeito do mistério de Deus que se revela em Cristo sob as espécies do pão e do vinho, e na respeitosa alegria de sentir-se membros de uma comunidade de fiéis reconciliados com Deus Pai na graça do Espírito Santo. A Eucaristia é o ponto mais sagrado e mais alto da oração. É a grande oração.

Capítulo II

O MISTÉRIO PASCAL E A EUCARISTIA

Sempre que comerdes deste pão e beberdes deste cálice, anunciareis a morte do Senhor até que ele venha (1Cor 11,26).

A centralidade do mistério pascal

35. Em cada celebração eucarística renova-se o mistério pascal da morte e ressurreição do Senhor Jesus Cristo, pão partido para a vida do mundo e sangue derramado para a redenção dos seres humanos e a libertação do cosmos (cf. Rm 8,19-23).

O tema sinodal deve levar a redescobrir o mistério pascal de Jesus como mistério da salvação, donde brotam a vida e a missão da Igreja. A Eucaristia revela-se como *dom*: o Senhor dá-se ele próprio, é o Deus conosco. A Eucaristia é a sua pessoa e a sua vida para nós. Com a Eucaristia, o Senhor realiza a sua missão de sacerdote, profeta e rei.

"Realmente o Senhor ressuscitou e apareceu a Simão" (Lc 24,34) — diziam os apóstolos e os discípulos. São Paulo exorta Timóteo: "Lembra-te de que Jesus Cristo ressuscitou dos mortos" (2Tm 2,8). Precisamente sobre o testemunho dos apóstolos, diz são João Crisóstomo: "É, portanto, evidente que, se não o tivessem visto ressuscitado e não tivessem tido uma prova irrefutável do seu poder, não se teriam exposto a tão grande perigo".[1]

Em certo sentido, o ser humano é capaz de querer tudo, mas tem em seu poder só o que concretamente consegue realizar. A morte e os seus sinais, como a doença e o sofrimento, mostram o limite intrínseco à liberdade de escolha do ser humano. Com a ressurreição, Jesus coloca na história da humanidade o germe da esperança definitiva: a vitória sobre a morte. Aqui se encontra o termo culminante da sua revelação. A morte é vencida, seja porque o pecado foi destruído e o ser humano, reconciliado com Deus, seja porque a vida foi restituída e é dada para sempre a quem acredita em Cristo. O sinal concreto dessa esperança, dá-o o Senhor Jesus ao fazer da *Igreja* o seu corpo místico. Os crentes, de fato, morreram e ressuscitaram com Cristo (cf. Rm 6,1-11).

Os nomes da Eucaristia

36. Há de explicar os *nomes* da Eucaristia e aprofundar o conteúdo dos mesmos para compreender o culto cristão.

O *Catecismo da Igreja Católica* elenca os nomes com que é chamado este sacramento: antes de mais, *Eucaristia*;[2] depois, *ceia do Senhor*, quer como comemoração da ceia

---

[1] S. Ioannes Chrysostomus, *In Epistolam I ad Corinthios*, Homilia IV, 4: *PG* 61, 36.

[2] Cf. *Catechismus Catholicæ Ecclesiæ*, 1328 et sq.

pascal que ele celebrou, quer como antecipação da *ceia das núpcias do Cordeiro* na Jerusalém celeste; *fração do pão*, título que realça a partilha de comunhão num só corpo e que dá fundamento à sinaxe ou *assembléia eucarística*, que é expressão visível da Igreja; *memorial* da paixão e ressurreição e *santo sacrifício*, porque atualiza o único sacrifício de Cristo Redentor; *santa e divina liturgia, santos mistérios, Santíssimo Sacramento, comunhão, coisas santas, remédio de imortalidade, viático, santa missa*, esta última a sublinhar a dimensão missionária.

A explicação do significado desses termos, sem excluir nenhum, é importante para que se faça uma catequese completa, e é condição para uma participação verdadeiramente consciente na liturgia.

Sacrifício, memorial e banquete

37. Emerge das respostas e observações aos *Lineamenta* uma generalizada exigência de aprofundar a natureza sacrificial da Eucaristia, pedindo que se exponha com maior clareza essa verdade da nossa fé, na linha do recente magistério da Igreja.

Já o Concílio Vaticano II promovia a reflexão teológica sobre o sentido do sacrifício de Jesus como oferta plena, livre e gratuita a Deus Pai para a salvação do mundo. Entre os numerosos textos que aludem a esse aspecto merece particular relevo o relativo ao exercício do sacerdócio ministerial na constituição dogmática *Lumen gentium*:

> Os presbíteros, [...] exercem o seu ministério sagrado principalmente na celebração da Eucaristia; nela, agindo na

pessoa de Cristo e proclamando o seu mistério, juntam as orações dos fiéis ao sacrifício de Cristo, sua cabeça; renovam e aplicam no sacrifício da missa, até a vinda do Senhor (cf. 1Cor 11,26), o único sacrifício do Novo Testamento, no qual Cristo, uma vez por todas, se oferece ao Pai como hóstia imaculada (cf. Hb 9,11-28).[3]

Nessa linha, o *Catecismo da Igreja Católica*[4] apresenta um título: "O sacrifício sacramental: ação de graças, memorial, presença". Daqui se deduz que o nome prevalente e que inclui os outros é *sacrifício sacramental*, ou seja, o fato da morte de Cristo para salvar-nos dos pecados com o seu sacrifício, cuja eficácia está à disposição de todos no sacramento. Por isso que a ação de graças é dada pelo seu sacrifício, pelo memorial do seu sacrifício, pela presença do seu sacrifício no corpo *entregue* e no sangue *derramado*. A ação de graças é dirigida a Deus pela criação e pela salvação do mundo.

Considerando assim a Eucaristia, supera-se a dialética entre sacrifício e banquete. Com efeito, se o termo banquete é tomado como sinônimo de *ceia*, nele está incluído o sacrifício, pois trata-se da ceia do Cordeiro imolado; se é tomado como sinônimo de *comunhão*, exprime a finalidade e o ápice da Eucaristia.

---

[3] Conc. Œcum. Vat. II, const. dogm. de Ecclesia *Lumen gentium*, 28. Cf. Conc. Œcum. Vat. II, decr. de presbyterorum ministerio et vita *Presbyterorum ordinis*, 5; const. dogm. de Ecclesia *Lumen gentium*, 3.

[4] Cf. *Catechismus Catholicæ Ecclesiæ*, 1356 et sq.

A encíclica *Ecclesia de Eucharistia*, ao tratar do sacrifício eucarístico,[5] ensina que a Igreja representa o sacrifício da cruz também em forma de intercessão, enquanto o próprio Filho se oferece na sua carne e assim se faz mediador entre o ser humano e o Pai. A Igreja de Cristo une-se a essa oferta na *anáfora* ou oração eucarística. Essa oferta, embora de maneira incruenta, não é nova, mas é a mesma que se realizou sobre a cruz. É esse o sentido da observação feita pela referida encíclica: "A missa torna presente o sacrifício da cruz; não é mais um, nem o multiplica".[6] Afirmar que isso se deve ao amor sacrificial do Senhor ajuda a evidenciar a afirmação da encíclica.

A consagração

38. A encarnação, a morte e a ressurreição, a ascensão e Pentecostes são fatos que aconteceram realmente e que ajudam a compreender como a presença permanente e substancial do Senhor no sacramento não é tipológica nem metafórica. Apresentar, ao contrário, o sacramento unicamente como símbolo da presença de Deus é duvidar que Deus possa intervir nas realidades materiais. Colocado no contexto das outras formas de presença, o mistério pascal permite compreender a natureza da presença eucarística, que se dá na transformação das espécies, ou seja, na transubstan-

---

[5] Cf. Ioannes Paulus II, litt. enc. *Ecclesia de Eucharistia* (17 Aprilis 2003), 12-13: *AAS* 95 (2003) 441-442.

[6] *Ibid.*, 12: *AAS* 95 (2003) 441.

ciação. O pão torna-se corpo oferecido e partido para a nossa salvação — *Corpus Christi, salva me*; o vinho torna-se sangue derramado, superabundante de prelibação divina — *Sanguis Christi, inebria me.*[7] A superação da distância entre a pobreza das espécies sacramentais e Jesus Cristo, que se dá real e substancialmente, faz com que a Eucaristia possa colocar no mundo o germe da nova história.[8] O mistério pascal confirma a condescendência de Deus e a *kénosis* do Filho, permanecendo a transcendência absoluta da Trindade.

Por isso as palavras de Jesus: "Tomai e comei" indicam, antes de mais nada, o dom que ele nos faz de si próprio. Em segundo lugar, trazem consigo a fraternidade da mesa, a unidade da comunidade da Igreja, o empenho de partilhar o pão com quem não o tem. Tudo isso leva à adoração, ou seja, à perene gratidão ao Senhor que acompanha a caminhada do povo de Deus.

A transubstanciação dá-se na consagração do pão e do vinho. A tal propósito, as respostas recomendam que se explique a *teologia da consagração* à luz das tradições eclesiais do Oriente e do Ocidente, nomeadamente as relativas à consagração, entendida como imitação do que o Senhor, na última ceia, fez e mandou que se fizesse, e à invocação do Espírito Santo na epiclese. Uma teologia mais clara da consagração poderia dar um grande contributo, não só para o diálogo ecumênico com as Igrejas orientais com as quais

---

[7] Oratio *Anima Christi*.

[8] Cf. Ioannes Paulus II, litt. enc. *Ecclesia de Eucharistia* (17 Aprilis 2003), 58: *AAS* 95 (2003) 472.

ainda não existe plena comunhão, mas também para eliminar certas sombras assinaladas nas respostas aos *Lineamenta*, tais como o uso de hóstias confeccionadas com fermento e outros ingredientes, a celebração com pão comum, a improvisação da oração eucarística, a recitação desta ou de suas partes pelo povo a pedido do celebrante, a *fractio panis* no momento da consagração.

A presença real

39. A presença do Senhor no sacramento foi querida por ele próprio para ficar junto do ser humano e oferecer-se como seu alimento, para manter-se no seio da comunidade eclesial. A resposta do ser humano é a fé na *presença real* e *substancial*, como observam algumas respostas na linha das encíclicas *Ecclesia de Eucharistia* e *Mysterium fidei*. À luz da fé na presença de Cristo no sacramento, devem ser considerados os outros aspectos: o sentido do mistério e as atitudes que o exprimem, o lugar do sacrário, o decoro da celebração, o valor escatológico, ou seja, o sacramento como penhor da glória, pois ele também é *antecipação* da realidade última e eterna durante a peregrinação para a casa do Pai do céu, como se manifesta, por exemplo, na espera esponsal das pessoas consagradas.

João Paulo II, na carta apostólica *Mane nobiscum Domine* para o Ano da Eucaristia, propunha essa síntese da doutrina da presença de Cristo vivo na sua Igreja:

> Todas essas dimensões da Eucaristia encontram-se num aspecto que, mais do que qualquer outro, põe à prova a

nossa fé: é *o mistério da presença "real"*. Com toda a tradição da Igreja, acreditamos que, sob as espécies eucarísticas, está realmente presente Jesus. Uma presença — como eficazmente explicou o Papa Paulo VI — que se diz "real", não por exclusão, como se as outras formas de presença não fossem reais, mas por antonomásia, enquanto, por ela, se torna substancialmente presente Cristo completo na realidade do seu corpo e do seu sangue. Por isso a fé pede-nos para estar diante da Eucaristia com a consciência de estar na presença do próprio Cristo. É precisamente a sua presença que dá às outras dimensões — banquete, memorial da Páscoa, antecipação escatológica — um significado que ultrapassa, e muito, o de puro simbolismo. A Eucaristia é mistério de presença, mediante o qual se realiza de modo excelso a promessa que Jesus fez de ficar conosco até o fim do mundo.[9]

Essa citação contém o dado doutrinal assinalado por diversas respostas aos *Lineamenta*: quem está oculto no sacramento é o Mediador cheio de majestade entre Deus e o ser humano, o eterno e sumo sacerdote, o Mestre divino, o juiz dos vivos e dos mortos, o Deus-Homem, a Palavra que se fez carne, aquele que abraça de forma misteriosa todos os fiéis na grande comunidade da Igreja. É assim que ele se apresenta na missa.

40. Algumas respostas aos *Lineamenta* dão a entender, todavia, que, por vezes, se fazem declarações contrárias à transubstanciação e à presença real, entendendo-as num

---

[9] Ioannes Paulus II, litt. ap. *Mane nobiscum Domine* (7 Octobris 2004), 16: *L'Osservatore Romano* (9 Octobris 2004), 5.

sentido apenas simbólico, e notam-se comportamentos que revelam implicitamente essa convicção. Como muitos observam nas suas respostas, por vezes tem-se a impressão de que, na liturgia, alguns se comportam como animadores, mais preocupados em chamar a atenção do público para a sua pessoa do que ser servos de Cristo, chamados a levar os fiéis à união com ele.[10] Tudo isso, obviamente, tem reflexos negativos no povo, que corre, assim, o risco de ficar confuso na compreensão e na fé da presença real de Cristo no sacramento.

Na tradição da Igreja criou-se uma verdadeira e própria linguagem dos gestos litúrgicos, orientada a exprimir retamente a fé na presença real de Cristo na Eucaristia, tais como a cuidadosa purificação dos vasos sagrados depois da comunhão e quando caem no chão as espécies eucarísticas, a genuflexão diante do sacrário, o uso da bandeja na distribuição da comunhão, a substituição regular das hóstias conservadas no sacrário, a colocação da chave do sacrário em lugar seguro, a postura respeitosa e o recolhimento do celebrante em consonância com o caráter transcendente e divino do sacramento. Omitir ou descurar tais sinais sagrados, que contêm um significado mais profundo e vasto do que o seu aspecto exterior, certamente não ajuda a manter firme a fé na presença real de Cristo no sacramento. Por isso, nas respostas recomenda-se que os sinais e símbolos reveladores da fé na presença real sejam objeto de uma adequada mistagogia e catequese litúrgica.

---

[10] Cf. Conc. Œcum. Vat. II, const. de sacra liturgia *Sacrosanctum concilium*, 26 et 47; *Codex Iuris Canonici*, can. 899.

41. Além disso, não se deve esquecer que a expressão da fé na presença real do Senhor morto e ressuscitado no Santíssimo Sacramento tem um ponto culminante na adoração eucarística, tradição fortemente enraizada na Igreja latina. Tal prática, como justamente sublinham muitas respostas aos *Lineamenta*, não deveria ser apresentada em descontinuidade com a celebração eucarística, mas como o seu prolongamento natural. As mesmas respostas observam que, em algumas Igrejas particulares, assiste-se a uma recuperação da adoração eucarística, que em todo caso deve fazer-se sempre com a devida dignidade e solenidade.

A própria posição do sacrário em lugar facilmente visível é uma outra maneira de evidenciar a fé na presença de Cristo no Santíssimo Sacramento. A esse respeito, nas respostas aos *Lineamenta* pede-se uma maior reflexão sobre a justa colocação do sacrário nas igrejas, de acordo com as disposições canônicas.[11] Haverá de examinar se a remoção do sacrário do centro da área do presbitério para colocá-lo num ângulo pouco visível e digno ou numa capela afastada, ou se a colocação da sede do celebrante em posição central, se não mesmo em frente do sacrário, como aconteceu em muitas reestruturações de igrejas antigas e em novas construções, não contribuem, de certa medida, para a diminuição da fé na presença real.

Por outro lado, as respostas evidenciam que, quando foram dadas instruções em matéria de construção e reestruturação das igrejas, com particular atenção ao lugar do sacrário, de

---

[11] Cf. *Codex Iuris Canonici*, can. 938

forma a exprimir a percepção da presença real, os resultados foram positivos, contribuindo para um aumento da fé e da adoração. As igrejas têm de continuar a ser lugares de oração e de adoração, sem se transformarem em museus. O mesmo vale para as catedrais e basílicas de notável valor histórico ou artístico.

III PARTE

A EUCARISTIA NA VIDA DA IGREJA

CAPÍTULO I

CELEBRAR A EUCARISTIA DO SENHOR

E eu estou sempre convosco até o fim dos tempos
(Mt 28,20)

"Nós vos damos graças porque nos admitistes à vossa presença"[1]

42. A celebração da santa missa começa por reconhecer que Deus está presente onde dois ou mais estão reunidos no seu nome e que estamos diante dele. Quando participamos na missa, devemos considerar-nos junto da fonte da graça: "Os nossos hinos de bênção, nada aumentando à vossa infinita grandeza, alcançam-nos a graça da salvação".[2] Na liturgia o ser humano não olha para si, mas para Deus.

Não é o nosso louvor, mas a ação de Deus que faz a Eucaristia. A Eucaristia é o centro da liturgia cósmica, em que está presente a Trindade, adorada eternamente por Maria e pelos anjos que servem a Deus, oferecendo-nos um modelo

---

[1] *Missale romanum*, prex eucharistica II.

[2] *Ibid.*, præfatio communis IV.

do serviço. O Deus uno e trino é adorado também pelos santos e justos que gozam da sua visão beatífica e intercedem por nós, bem como pelas almas dos fiéis que se purificam à espera da visão de Deus. É aqui que a Igreja se manifesta como família de Deus, como ensina o Concílio Vaticano II e, recentemente, a exortação apostólica póssinodal *Ecclesia in Africa*.[3]

O culto prestado a Deus e aos santos tem o seu centro no mistério pascal: "Ao celebrar o *dies natalis* dos santos, a Igreja proclama o mistério pascal realizado na paixão e glorificação deles com Cristo".[4] Tal liturgia de comunhão, que une o céu e a terra, é celebrada para a salvação de todos, mesmo dos que não crêem. Apelar à liturgia celeste não significa alhear-se da liturgia terrena, mas querer colher dela a dimensão peregrina e escatológica.

43. A celebração da Eucaristia tem uma estrutura e elementos próprios, descritos na *Instrução geral do Missal romano* e na *Instrução para a aplicação das prescrições litúrgicas do Código dos Cânones das Igrejas Orientais*, nomeadamente na tradição bizantina, a mais comum nas Igrejas orientais católicas, mas também nas outras tradições. Deve-se reafirmar que a celebração da Eucaristia exige a obediência humilde do sacerdote e dos ministros a essas normas canônicas.

---

[3] Cf. Conc. Œcum. Vat. II, const. dogm. de Ecclesia *Lumen gentium*, 6; Ioannes Paulus II, adhort. ap. post-syn. *Ecclesia in Africa*, (14 Septembris 1995), 63: *AAS* 88 (1996) 39-40.

[4] Conc. Œcum. Vat. II, const. de sacra liturgia *Sacrosanctum concilium*, 104.

Para favorecer os devidos respeito e veneração pela Eucaristia, recomenda-se que, sobretudo os ministros sagrados, se preparem com a oração para celebrar o sacrifício eucarístico — onde o Senhor se torna presente nas suas mãos — e no fim dêem graças a Deus.[5]

Infelizmente, como assinalam algumas respostas, nem sempre se respeitam esses tempos dedicados à preparação e ação de graças. Em contrapartida, há de reconhecer que muitos, tanto bispos, sacerdotes e diáconos como leigos, fazem essa ação de louvor e de agradecimento com notável fruto espiritual. A propósito, não se pode ignorar o forte apelo formulado em muitas respostas de preparar-se para a celebração com o silêncio e a oração, seguindo as venerandas tradições do culto.

44. Para criar esse espírito de oração, serão de grande ajuda não só a consciência que o celebrante tem do grande mistério que está para se realizar, mas também o uso de certos sinais, como o incenso, símbolo da oração que se eleva a Deus, segundo a expressão do salmista: "Suba até vós a minha oração como incenso; elevem-se as minhas mãos como oblação da tarde" (Sl 140,2).

Por outro lado, um *mínimo de assistência* e colaboração dos leigos para celebrar dignamente os santos mistérios ajuda a criar o clima de serenidade que convém à liturgia euca-

---

[5] Cf. *Codex Iuris Canonici*, can. 909; Congregatio de Cultu divino et Disciplina Sacramentorum, instr. *Inæstimabile donum*, (3 Aprilis 1980), 17: *AAS* 72 (1980) 338.

rística. Por vezes, há celebrantes que se fazem também de mestres de cerimônias, proferem admonições aos fiéis, dão ordens e preocupam-se com tudo, mesmo havendo preparado com antecedência a celebração eucarística. O sacerdote, ao contrário, deveria fazer-se ajudar por leitores, acólitos, ministrantes e leigos, de modo a poder concentrar-se nos sagrados mistérios que celebra e a irradiar, assim, uma atmosfera de paz e de recolhimento a toda a assembleia reunida em volta da mesa do Senhor. Por isso que não poucas respostas proponham que se promova a colaboração de leigos devidamente preparados e se restaure o serviço dos *ostiários*, sobretudo para receber as pessoas na igreja, assegurar a ordem na celebração litúrgica e cuidar que não se abeirem da comunhão pessoas estranhas.

Os ritos de introdução

45. O canto de entrada, o sinal da cruz, a saudação e o hino do *Glória*, quando previsto no rito romano; as antífonas, as ladainhas e o hino *Unigênito*, no rito bizantino e noutros, como o ambrosiano, o moçárabico e os antigos ritos orientais, predispõem os fiéis a sentir-se na presença de Deus antes de escutarem a sua Palavra e lhe darem graças com a Eucaristia. De modo especial, o ato penitencial recorda a atitude necessária à celebração dos santos mistérios: a do publicano, que reconhece humildemente ser pecador. Mesmo não tendo o valor de sacramento, o ato penitencial lembra o nexo indissolúvel entre penitência e Eucaristia, muito respeitado nas Igrejas orientais católicas. Substituído com a aspersão da água benta, evoca o batismo, princípio de

vida nova, com que renunciamos às obras do maligno. Desde o início da celebração, portanto, é-nos recordado que, para abeirar-se da Eucaristia, é necessário purificar-se com a penitência, libertar-se de divisões e contendas, contrárias ao sinal da unidade, que é a Eucaristia. É importante ilustrar na catequese esses aspectos e, sobretudo, esclarecer que o ato penitencial não absolve dos pecados graves, para os quais é necessário recorrer ao sacramento da reconciliação.

A liturgia da Palavra

46. As leituras bíblicas, o salmo responsorial, a aclamação antes do evangelho, a homilia e a profissão de fé formam a liturgia da Palavra. Deus falou-nos por meio do Filho, a sua Palavra feita carne. A Palavra divina é uma só e, porque realiza o que diz, torna-se ao mesmo tempo pão de vida, sinal que Jesus Cristo realizou. O papa João Paulo II, evocando o episódio de Emaús (cf. Lc 24), mostrava a relação inseparável entre a mesa da Palavra e a da Eucaristia.[6] Por isso a liturgia da Palavra, em unidade com a liturgia eucarística, qualifica a celebração como um único ato de culto, que não admite rupturas.

A liturgia da Palavra liga-nos à revelação que Deus fez no Antigo Testamento. A grande riqueza da presença poderosa de Deus, que foi a glória do povo eleito de Israel, tornou-se parte da liturgia católica, iluminada pela luz do Verbo feito carne, morto e ressuscitado por todos.

---

[6] Cf. Ioannes Paulus II, litt. ap. *Mane nobiscum Domine*, (7 Octobris 2004), 12: *L'Osservatore Romano* (9 Octobris 2004), 5.

Por outro lado, como recorda o Concílio Vaticano II, a revelação de Jesus ultrapassa a codificação do texto da Escritura, que não a exprime na sua totalidade.[7] A sua Palavra permanece viva na vida da Igreja, que a transmite ao longo dos séculos, tornando-a acessível no sinal sacramental. O anúncio feito por Jesus não está separado da sua presença no sacramento, criando uma unidade nunca antes realizada e que jamais se repetirá.

A sua encarnação, paixão, morte e ressurreição são palavra e acontecimento para que se veja e contemple. A palavra aponta para o acontecimento. O mistério eucarístico acompanhará para sempre a vida da Igreja como síntese de palavra e acontecimento que levam à contemplação. No *Rito romano* e na *Pequena entrada* bizantina, tudo isso é evocado na veneração e honra prestadas ao evangeliário, qual mística entrada do Verbo encarnado e sua presença no meio da assembleia dos crentes.

47. A propósito, foi observado que nem sempre se cuida convenientemente da proclamação da Palavra de Deus. Haveria de melhorar o serviço dos leitores no transmitir aos fiéis a beleza do conteúdo e da forma da Palavra que Deus dirige ao seu povo. Nos lugares em que prevaleceu o costume de ler apenas duas leituras nos domingos e festas de preceito, lamenta-se o desconhecimento das cartas e dos Atos dos Apóstolos. Daí a oportunidade de recomendar que não se excluam essas leituras que relatam a ação de Deus na comunidade primitiva.

---

[7] Cf. Conc. Œcum. Vat. II, const. dogm. de divina revelatione *Dei Verbum,* 9

Uma parte importante da liturgia da Palavra é a homilia, feita pelo ministro sagrado com o fim de ajudar os fiéis a aderirem com a mente e o coração à Palavra de Deus. Para o efeito, muitos aconselham *homilias mistagógicas*, que, a partir das leituras proclamadas, ajudem a introduzir os fiéis nos sagrados mistérios, iluminando com a luz de Jesus Cristo as suas vidas, sem se valer, porém, de alusões e referências indevidas ou profanas.

Sempre com base nos textos da Sagrada Escritura, haveria de pensar também em *homilias temáticas*, que levem a repropor, ao longo do ano litúrgico, os grandes temas da fé cristã: o credo, o pai-nosso, a estrutura da santa missa, os dez mandamentos e outros temas. A esse respeito, dariam grande ajuda eventuais instrumentos elaborados por competentes comissões das conferências episcopais ou dos sínodos dos bispos das Igrejas orientais católicas *sui iuris* ou por outras entidades especializadas na pastoral. Nas Igrejas orientais católicas há quem lamente que se façam homilias desligadas das leituras da liturgia com o pretexto de todos os anos serem repetidas as mesmas leituras nos mesmos dias.

A liturgia eucarística

48. As respostas aos *Lineamenta* recomendam que a apresentação das oferendas leve a concentrar-se sobretudo no pão e no vinho que se transformarão no corpo e sangue do Senhor. São eles que devem ser realçados, mais do que as outras oferendas destinadas ao culto e à caridade, pois é em vista deles que se fazem a preparação e a apresentação ao

altar. Por outro lado, essas oferendas evocam a grande oferenda de amor, a Eucaristia, que leva à caridade para com os mais pobres e necessitados.

Relativamente ao tema, há de explicar com uma catequese apropriada a importância da *esmola* que se dá nas celebrações eucarísticas, destinada aos pobres e às necessidades da Igreja. Assim se forma e fortalece a consciência da dimensão social da Eucaristia. É necessário incrementar uma tal consciência, sobretudo nos países onde a Igreja não pode exercer livremente a ação caritativa. Os fiéis devem ser exortados a ajudar os que se encontram em necessidade.

49. À apresentação das oferendas segue a oração eucarística, que, nas suas várias formas existentes no Oriente e no Ocidente, vê a Igreja à luz do mistério da Trindade, com o seu início na criação, o seu ápice no mistério pascal e o seu fim na recapitulação de tudo em Cristo no fim dos tempos. Por isso a anáfora inicia com o convite do celebrante a erguer os corações ao Senhor. A própria palavra *anáfora* significa erguer ao alto as oferendas e nós mesmos ao Pai e dirigir-se ao Senhor, de quem vem a salvação.

A Igreja, com a epiclese, pede ao Pai que envie o Espírito Santo, para que o seu poder desça sobre as oferendas. Na liturgia oriental, na epiclese pós-consagratória, acentua-se a relação entre a Eucaristia e o mistério do Pentecostes, efusão do Espírito sobre a comunidade reunida:

> Pedimo-vos, Senhor, que, como enviastes o vosso Espírito Santo sobre os vossos santos discípulos e os vossos apóstolos santos e puros, igualmente envieis sobre nós o

vosso Espírito Santo, para que santifique a nossa alma, o nosso corpo e o nosso espírito.[8]

A invocação do Espírito Santo é feita em favor dos que comungam, para poderem ter a força de darem-se uns aos outros e viverem segundo o sacramento que celebram.

Dentro da oração eucarística ocupa lugar central a narração da instituição com as palavras que Jesus proferiu sobre o pão e o vinho: é a *consagração*, momento solene em que se realiza a presença real do Senhor ressuscitado sob as espécies do pão e do vinho. A consagração assegura a continuidade perene da Eucaristia: de Cristo aos apóstolos e aos seus sucessores e colaboradores, os bispos e os presbíteros, que, com o ministério hierárquico, atuam em nome do Senhor em favor da Igreja.

Tal continuidade exprime-se sobretudo na intercessão: "Lembrai-vos, Senhor, da vossa Igreja, dispersa por toda a terra".[9] Aqui, a celebração da Eucaristia mostra ser profundamente um ato da Igreja na sua universalidade, anterior a qualquer distinção particular e local.

A assembléia eucarística, consciente de que é peregrina no mundo, entra por meio das intercessões na comunhão dos santos, projeta-se no Reino, consciente porém de viver nesta terra. Por isso não esquece na oração as dificuldades com que se depara, as perseguições que enfrenta, as calamidades

---

[8] A. Haggi-I. Pahl, *Prex eucharistica. Textus e variis liturgiis antiquioribus selecti*, Fribourg, 1968, p. 192.

[9] *Missale romanum*, prex eucharistica II.

temporais e as guerras, invocando sobretudo os dons da unidade e da paz.

É o Espírito que imprime à grande oração a orientação interior para o Senhor Jesus, para que a oferenda "seja apresentada no altar celeste, diante da vossa divina majestade",[10] e o louvor trinitário faça-se *per Ipsum, cum Ipso et in Ipso*, com a anuência do povo de Deus, que diz *Amém*.

A comunhão

50. A *Instrução geral do Missal romano* recomenda que recebam a comunhão "os fiéis que estão devidamente preparados".[11] O estar devidamente preparado é uma exigência do discernimento que vê no corpo do Senhor não um pão comum, mas um pão de vida, à disposição dos que estão reconciliados com o Pai. Como o compartilhar a mesa entre os seres humanos pressupõe a concórdia, assim a Eucaristia é o sacramento dos reconciliados, no sentido de que é o ápice do itinerário de reconciliação com Deus e com a Igreja através do sacramento da penitência. Desse modo se manifesta a compaixão de Cristo pela salvação das almas, que é também a lei suprema da Igreja. Feita a reconciliação com a penitência e restabelecido o estado de graça, os ritos da comunhão constituem a preparação imediata. Conviria realçar melhor a importância da *graça* dos sacramentos como um bem que não se deve negar a quem

---

[10] *Ibid.*, canon romanus.

[11] *Institutio Generalis Missalis Romani,* (20 Aprilis 2000), 80.

está nas condições exigidas,[12] condições que são bem determinadas pelas normas canônicas e litúrgicas, e a que não se podem acrescentar outras.

A preparação para a comunhão é uma exigência da pureza necessária para aproximarmo-nos do Senhor, por isso é dever de cada um examinar se está devidamente preparado. A esse respeito, poderá ser muito útil uma boa catequese sobre o poder que tem a Eucaristia de cancelar os pecados veniais. Recebê-la num coração arrependido é obter a graça do Espírito Santo para não sucumbir à tentação e poder dar um testemunho de vida cristã, apesar do ambiente muitas vezes pouco favorável. Também a oração do pai-nosso ajuda-nos nesse sentido, porque com ela pedimos a purificação dos pecados e a libertação do maligno; igualmente a troca do gesto da paz permite aos fiéis exprimir a comunhão eclesial e o amor recíproco,[13] levando a verificar a própria disposição ao perdão, que não é secundária para receber a comunhão. Nas liturgias orientais e na ambrosiana, a colocação do gesto da paz no ofertório acentua precisamente esse aspecto, ou seja, a superação de toda inimizade (cf. Mt 5,23-24). São várias as respostas que recordam o caráter facultativo do gesto da paz e a necessidade de separá-lo do gesto sucessivo e central da *fractio panis*, que indica o corpo partido para nós.

No momento de distribuir a sagrada comunhão, por quanto se depreende de algumas respostas, há sacerdotes que dão

---

[12] Cf. *Codex Iuris Canonici,* can. 912.

[13] Cf. *Institutio Generalis Missalis Romani,* (20 Aprilis 2000), 82.

uma bênção às crianças e catecúmenos, devidamente identificados, que se aproximam sem ainda ter feito a primeira comunhão. Nalgumas igrejas, a bênção é dada também aos não-católicos que se abeiram do altar no momento da comunhão. Na mesma linha, chegam da Ásia sugestões para que seja considerada a possibilidade de um sinal em favor dos não-cristãos no momento da comunhão, para não se sentirem excluídos da comunidade litúrgica.

Os ritos de conclusão

51. Recebida a comunhão, deve-se rezar para obter os frutos do mistério celebrado. Um dos primeiros é o *antídoto* contra as caídas quotidianas e os pecados mortais.[14] Deve-se rezar sobretudo para que a nossa fé e comunhão com Cristo permitam-nos levar o seu Evangelho em missão ao mundo, em todos os ambientes em que vivemos, com o testemunho das obras, para que os seres humanos acreditem e dêem glória ao Pai.

A despedida da missa inclui um convite à missão, que a Igreja, fortalecida com a Eucaristia, precedida e acompanhada do exemplo e intercessão de Maria, realiza na evangelização do mundo de hoje. A Eucaristia tem a finalidade de fazer-nos crescer no amor de Cristo e no seu desejo de levar o Evangelho a todos.

---

[14] Cf. Conc. Œcum. Tridentin., *Sess. XIII*, cap. 2: *DS* 1551.

A ars celebrandi

52. É necessário cuidar da *ars celebrandi* para levar os fiéis ao verdadeiro culto, à reverência e à adoração. As mãos que o sacerdote ergue ao alto indicam a súplica do pobre e humilde: *Humildemente vos pedimos* — diz-se na oração eucarística.[15] A humildade da atitude e da palavra condiz com o próprio Cristo, manso e humilde de coração. Ele tem de crescer e nós diminuir. Para que a celebração da Eucaristia exprima a fé *católica*, recomenda-se que seja presidida pelo sacerdote com *humildade*; só assim poderá ser verdadeiramente mistagógica e contribuir para a evangelização. Nas orações litúrgicas normalmente não se diz "eu", mas "nós"; já nas fórmulas sacramentais usa-se a primeira pessoa, falando o ministro na pessoa de Cristo e não em nome próprio.

Algumas respostas aos *Lineamenta* acenam ao tema da mistagogia, entendendo-a como introdução ao mistério da presença do Senhor e acentuando a necessidade de levar o ser humano de hoje a uma mais profunda aproximação de Deus, já que vive em ambientes onde se parece negar a existência do mistério. A linha mestra, deu-a o próprio Senhor: "A vós chamei-vos amigos, porque tudo o que ouvi de meu Pai vo-lo dei a conhecer" (Jo 15,15). O Senhor quer que nos aproximemos dele para revelar-nos o mistério da vida divina.

Emerge a primazia da responsabilidade do bispo, no que se refere à Eucaristia, como primeiro mistagogo. O empenho

---

[15] *Missale romanum*, prex eucharistica II.

em favor de uma "participação plena, consciente e ativa"[16] dos fiéis na celebração eucarística está em estreita relação com a especial responsabilidade que o bispo tem pelo santíssimo Sacramento e que provém do fato de o Senhor tê-lo confiado aos apóstolos e de a Igreja transmiti-lo com a mesma fidelidade. Toda celebração eucarística numa diocese realiza-se em comunhão com o bispo e na dependência da sua autoridade.[17] Cabe-lhe velar para que os fiéis possam participar na missa e o sacramento seja celebrado digna e decorosamente, eliminando eventuais abusos. É o *sensus ecclesiæ* na celebração litúrgica que transcende as situações particulares, os grupos e as culturas. Como *primus mysteriorum Dei dispensator*, o bispo celebra freqüentemente a santa missa na catedral, igreja, mãe e coração da diocese, cuja liturgia tem de ser exemplar para toda a diocese.

53. Mantém-se a obrigação da missa *pro populo* por parte do bispo diocesano e do pároco, aplicada por vivos e defuntos.[18] Por razões teológicas e espirituais, também se recomenda que os sacerdotes celebrem diariamente a santa Eucaristia. É particularmente importante celebrar pelos defuntos, cujas almas encontram-se no purgatório à espera do feliz dia de poderem ver a Deus face a face. Rezar pelos defuntos é um dever de caridade para com eles.

---

[16] Conc. Œcum. Vat. II, const. de sacra liturgia *Sacrosanctum concilium*, 14.

[17] Cf. *Codex Iuris Canonici*, can. 899, § 2; *Codex Canonum Ecclesiarum Orientalium*, can. 699, § 1.

[18] Cf. *Codex Iuris Canonici*, can. 388, § 1; 429; 534; 543, §2; 549; 901; Cf. *Catechismus Catholicæ Ecclesiæ*, 1369 et 1371.

Quanto às intenções, diversas respostas acenam a abusos, o mais frequente dos quais seria a sua acumulação nas chamadas missas plurintencionais. A propósito, sugere-se que se esclareça a prática relativa à intenção das missas. Também se constata que, em alguns países, essa prática diminuiu bastante ou desapareceu quase por completo, ao passo que, em muitos outros, as intenções de missas são a forma tradicional, e muitas vezes única, de prover o sustento do clero. Existem também nações em que se nota uma falta de intenções, que antes provinham de outros países e eram uma válida expressão de comunhão eclesial e de participação concreta na atividade missionária.

Não menos importante, do ponto de vista pastoral, é a formação dos fiéis sobre o sentido da aplicação de missas em sufrágio dos defuntos, que, pelos méritos da redenção de Cristo e pela oração de toda a Igreja, podem assim ser admitidos rapidamente ao banquete da vida eterna. Assim, as intenções de missas pelos defuntos tornam-se também uma expressão da fé na ressurreição dos mortos, verdade solenemente professada no credo.

A Palavra e o pão da vida

54. Sobre a relação entre a santa missa e as celebrações da Palavra, muitas respostas aos *Lineamenta* observam que, em determinadas situações, os fiéis correm o risco de perderem aos poucos o sentido da diferença entre a celebração da Eucaristia e as outras celebrações. Tal problema pastoral verifica-se, por exemplo, onde são freqüentes as liturgias de comunhão presididas por diáconos ou ministros extra-

ordinários. Igual risco correm os fiéis que são convidados a participar na liturgia da Palavra em algum outro lugar em vez de ir à missa de uma paróquia vizinha.

Encontram-se, por outro lado, respostas que testemunham o precioso serviço prestado pelos leigos, devidamente preparados, nas celebrações da Palavra, com ou sem distribuição da Eucaristia, onde as comunidades, à espera de poder ter um sacerdote estável, encontram-se temporariamente na impossibilidade de contar com ele para as celebrações dominicais. Nesses casos, sob a orientação do bispo diocesano e dos sacerdotes, é possível, com a colaboração dos leigos, ir ao encontro das necessidades pastorais de tantas comunidades com fome da Palavra da vida e do pão da vida. Quando essa atividade se desenrola na observância das orientações do magistério específico,[19] os resultados são animadores e podem até fazer brotar vocações sacerdotais nas famílias dos leigos empenhados em tais serviços, bem como nas respectivas comunidades, que sabem apreciar o serviço precioso do sacerdote, ministro ordinário da Eucaristia.

55. Num tal contexto, põe-se a questão do excesso de celebrações da Palavra em substituição da santa missa e que comporta o risco de fazer regredir o culto cristão a um serviço de assembléia. Teria, ao contrário, mais sentido, como nas estações missionárias, a catequese dada enquanto se

---

[19] Cf. Congregatio pro Clericis et Aliæ, instr. *Ecclesiæ de mysterio*, (15 Augusti 1997), 7: *AAS* 89 (1997) 869-870; Congregatio de Cultu Divino et Disciplina Sacramentorum, *Directorium de celebrationibus dominicalibus absente presbytero* (2 Iunii 1988): *La Documentation Catholique* 1972 (20 Novembris 1988) 1101-1105.

espera a oportunidade de o sacerdote vir celebrar a Eucaristia. Seria melhor, a esse respeito, falar de liturgias à espera do sacerdote, em vez de na sua ausência. Para sublinhar essa realidade, em algumas regiões coloca-se a estola sobre o altar ou sobre a cadeira da presidência. A oração pelas vocações mantém vivo o desejo de ter um celebrante permanente da Eucaristia. A falta de sacerdotes, que em algumas regiões atinge dimensões preocupantes, deveria ser um válido estímulo para o despertar da atividade missionária e para uma troca de dons entre as Igrejas particulares.

Diversas respostas aos *Lineamenta* sugerem que os fiéis designados como ministros extraordinários da comunhão participem de sessões de estudo especiais para aprofundar a doutrina eucarística e as normas litúrgicas. Semelhante programa deveria ser inserido também na formação permanente dos catequistas.

Das mesmas respostas emerge ainda a necessidade de explicar claramente a tríplice dimensão — sacerdotal, profética e real — na distinção entre ministério ordenado e ministério não-ordenado. Assim se realça a identidade do sacerdote ministro dos divinos mistérios, de que também é intérprete, mistagogo e testemunha. Finalmente, para superar uma certa confusão sobre o ministério ordenado na Igreja, recomenda-se, entre o mais, que se promova o estudo dos apropriados documentos do magistério, como a exortação apostólica pós-sinodal sobre o sacerdote, sinal de Cristo, chefe, esposo e pastor, *Pastores dabo vobis*.

56. São merecedores de gratidão os fiéis leigos, sobretudo os catequistas, que têm à sua responsabilidade a preparação para

a oração e para a comunhão, especialmente onde a escassez de clero impede os fiéis de participarem na Eucaristia. Em todo caso, em não poucas respostas aos *Lineamenta* assinalam-se práticas que tendem a ofuscar nos fiéis a distinção essencial entre o sacerdócio ministerial e o sacerdócio comum. São exemplos disso a atitude de alguns assistentes pastorais que assumem a direção efetiva de paróquias e exercem de fato uma quase presidência da Eucaristia, deixando ao sacerdote o mínimo para garantir a validade da mesma; a homilia proferida na santa missa por leigos; o costume de dar precedência aos ministros extraordinários da comunhão na distribuição do sacramento, ficando sentados os ministros ordinários, nomeadamente o sacerdote celebrante e os concelebrantes; o costume de alguns ministros extraordinários conservarem o Santíssimo Sacramento nas próprias casas antes de levá-lo aos enfermos; ou a autorização dada pelo pároco a algum parente do doente para levar-lhe o viático. As disposições da instrução *Ecclesia de mysterio*, bem como as normas canônicas sobre o tema,[20] deveriam ser tidas em consideração para instruir de forma adequada os responsáveis e assegurar uma celebração eclesial da Eucaristia.

O significado das normas

57. Relacionadas com a questão da *instauratio* da liturgia são as respostas aos *Lineamenta* sobre o novo *Ordo missæ*

---

[20] Cf. Congregatio pro Clericis et Aliæ, instr. *Ecclesiæ de mysterio*, (15 Augusti 1997), 8: *AAS* 89 (1997) 870-872; *Codex Iuris Canonici,* can. 767, § 1; 910, § 2 e 230, § 2.

e a *Instrução geral do Missal romano*, que apresentam as linhas da liturgia da Igreja universal.

As normas litúrgicas podem ser vistas como algo que leva ao mistério. Os Padres apostólicos foram os primeiros a estabelecer as normas e os cânones, com as célebres *Constitutiones* e *Didascaliæ*. Sentiam, então, a necessidade de anunciar o mistério revelado e de, ao mesmo tempo, contrastar as concepções mistéricas, alegóricas e esotéricas dos pagãos.

Se, por um lado, as normas reconduzem à *apostolicidade* da Eucaristia, por outro é sobretudo a sua *santidade* a exigi-las: o Santíssimo pede que nos aproximemos dele com a máxima reverência. Pode-se dizer que é por isso que os presbíteros são consagrados, como recorda a alocução do bispo antes da ordenação:

> Pelo vosso ministério se realiza plenamente o sacrifício espiritual dos fiéis, unido ao sacrifício de Cristo, que juntamente com eles é oferecido pelas vossas mãos sobre o altar, de modo sacramental, na celebração dos santos mistérios. Tomai, pois, consciência do que fazeis, imitai o que realizais, celebrando o mistério da morte e ressurreição do Senhor, esforçai-vos por fazer morrer em vós todo mal e caminhai na vida nova.[21]

Algumas respostas indicam que a norma basilar a ser observada pelo bispo e pelo sacerdote é ajudar os fiéis a penetrarem no mistério da presença do Senhor.

---

[21] *Pontificale Romanum, De ordinatione episcoporum, presbyterorum et diaconorum,* Civitas Vaticana, 1992, 91.

58. Várias respostas aos *Lineamenta* indicam algumas causas da não-observância das normas: o pouco conhecimento da história e do significado teológico dos ritos, o desejo de novidade e a desconfiança na capacidade do rito de falar ao ser humano com a linguagem dos sinais. Algumas respostas insinuam que o desrespeito pelas normas dever-se-ia a supostos defeitos intrínsecos da *Instrução geral do Missal romano*, dando como exemplo o defeito das traduções dos textos litúrgicos e a imprecisão das rubricas, que deixam ao celebrante a liberdade de improvisar certas partes. Concretamente, apontam para a necessidade de dar grande atenção às traduções dos textos litúrgicos, confiando essa delicada tarefa a especialistas, sob a supervisão dos bispos e com a aprovação da competente Congregação da Santa Sé.

Quando se dão orientações doutrinais ou normas, há de ter presente este princípio fundamental: como uma excessiva valorização da maturidade dos fiéis pode ter contribuído para criar dificuldades práticas na introdução da reforma, assim não se deve subvalorizar a psicologia popular ou a capacidade dos fiéis de aceitar o apelo às verdades basilares.

Urgências pastorais

59. Do conjunto das respostas aos *Lineamenta* pode-se delinear o seguinte quadro, no que se refere às sombras na celebração da Eucaristia.

Ao mesmo tempo que se nota uma atitude de desconfiança para com as rubricas litúrgicas, inventam-se outras com o intuito de promover mudanças inspiradas em ideologias ou desvios teológicos. Nesse campo, não poucas iniciativas provêm de movimentos e grupos que se propõem renovar a liturgia.

É freqüente a observação de que a insistência nas normas universais, geralmente defendidas pela Igreja como expressão da catolicidade, contrasta com as celebrações litúrgicas particulares de certos movimentos eclesiais. A esse respeito, pede-se uma maior clareza por parte das autoridades competentes da Igreja a fim de evitar confusões. Uma vez introduzidas as línguas vernáculas, há de respeitar a estrutura do rito, único modo de sublinhar visivelmente a unidade da Igreja católica de tradição ocidental. Os fiéis são muito sensíveis a eventuais mudanças arbitrárias do rito.

Observa-se, em certos casos, que o excesso de iniciativa leva a manipular a missa, chegando por vezes a substituir os textos litúrgicos por outros estranhos. Tal comportamento cria freqüentes conflitos entre o clero e os leigos, e mesmo no seio do próprio presbitério.

60. Para dissipar tais sombras, as respostas aos *Lineamenta* propõem algumas orientações.

É necessário promover um renovado espírito de oração, aliado a um maior esforço de formação permanente do clero, para reforçar a atitude de humilde adesão ao espírito e à letra das normas litúrgicas, e assim poder prestar um verdadeiro serviço ao povo de Deus, chamado a dar graças e a elevar preces ao seu Senhor, no Espírito Santo, através da divina liturgia.

Impõe-se um estudo aprofundado dos já conhecidos princípios sobre a maneira de integrar, nas celebrações litúrgicas, elementos das culturas locais, e eventualmente publicar novas instruções mais claras e mais precisas, à luz da recente revisão da *Instrução geral do Missal romano*, das instruções *Redemptionis sacramentum* e *Varietates legitimæ* da Congregação para o Culto Divino e a Disciplina dos Sacramentos.

Deverá ser explicado aos fiéis o alcance da fé eucarística. Na Eucaristia, os fiéis alimentam-se do *corpo de Cristo ressuscitado*. O Senhor ressuscitado, vencedor do pecado e da morte, ultrapassa as dimensões do espaço e do tempo, e está realmente presente, sob as espécies do pão e do vinho, em cada celebração eucarística do mundo inteiro. Trata-se, portanto, do corpo do Senhor glorificado, transformado, pão dos anjos e de todos os seres humanos chamados a partilhar da visão beatífica, na comunhão dos santos, na adoração eterna de Deus Uno e Trino.

Devem ser eliminadas, com uma catequese apropriada, as possíveis concepções mágicas, supersticiosas ou espiritistas da Eucaristia. Semelhante catequese é extremamente útil nas missas de cura, que se fazem em alguns países.

É urgente precaver-se contra os sacrilégios com hóstias consagradas, que se cometem nos ritos satânicos e nas chamadas missas negras.

O canto litúrgico

61. O povo de Deus, reunido na casa do Senhor, exprime a ação de graças e de louvor com as palavras, a escuta, o silêncio e o canto.

Diversas respostas aos *Lineamenta* pedem que o canto na missa e na adoração seja verdadeiramente digno. Sente-se a necessidade de fazer com que o povo conheça o repertório essencial do canto gregoriano. Foi composto à medida do ser humano de todos os tempos e lugares, graças à sua transparência, discrição e agilidade de formas e ritmos. Há de se reverem, portanto, os cantos atualmente em uso.[22] A música instrumental e vocal, se não possuir simultaneamente o sentido da oração, da dignidade e da beleza, impede por si mesma de entrar na esfera do sagrado e do religioso. Por isso as exigências da *bondade das formas*, qual expressão de arte verdadeira, da consonância com os diversos ritos e da capacidade de adaptação às legítimas exigências, tanto da inculturação como da *universalidade*. O canto gregoriano responde a essas exigências, por isso é o modelo onde inspirar-se, como disse João Paulo II.[23] É, pois, necessário favorecer, entre os compositores de música e os poetas, a composição de novos cantos, que possuam um verdadeiro conteúdo de catequese sobre o mistério pascal, sobre o domingo e sobre a Eucaristia, e sejam redigidos com critérios litúrgicos.

62. A utilização dos instrumentos musicais também foi objeto de especial atenção em diversas respostas, que se refazem às orientações da constituição *Sacrosanctum concilium,* especialmente.[24] A esse respeito, é freqüente a referência, sobretudo

---

[22] Cf. Congregatio de Cultu Divino et Disciplina Sacramentorum, instr. *Liturgiam authenticam*, (28 Martii 2001), 108: *AAS* 93 (2001) 719.

[23] Cf. Ioannes Paulus II, Chirografo per il centenario del *motu proprio* di Pio X *Tra le sollecitudini*, (22 Novembris 2003), 12: *AAS* 96 (2004) 256-265.

[24] Cf. Conc. Œcum. Vat. II, const. de sacra liturgia *Sacrosanctum concilium*, 120.

na tradição latina, ao valor do órgão, cujo som é capaz de aumentar a solenidade do culto e favorecer a contemplação. A experiência do recurso a outros instrumentos musicais também foi comentada em algumas respostas, que a consideram positiva, quando, com o aval da autoridade eclesiástica competente, tais instrumentos são considerados aptos para serem usados nos atos sagrados, estão em harmonia com a dignidade do templo e são eficazes para a edificação dos fiéis.

Em outras respostas, ao contrário, lamenta-se a pobreza das traduções dos textos litúrgicos em língua corrente e de muitos textos musicais, destituídos de beleza e por vezes teologicamente ambíguos, podendo levar a um enfraquecimento da doutrina e da compreensão do sentido da oração. Particular atenção é dada, em algumas respostas, à música e ao canto nas missas dos jovens. A propósito, vê-se a importância de evitar formas musicais que não favoreçam a oração, por estarem condicionadas às exigências do uso profano. Há quem mostre um desejo excessivo de compor novos cantos, como se fosse imbuído de uma mentalidade consumista, sem se preocupar com a qualidade da música e do texto, mas abandonando facilmente um insigne patrimônio artístico que deu provas de validade teológica e musical na liturgia da Igreja.

Recomenda-se, igualmente, que, nas reuniões internacionais, pelo menos a oração eucarística seja proclamada em latim, para facilitar uma adequada participação dos concelebrantes e de quantos não conhecem a língua local, como oportunamente sugere a constituição sobre a sagrada liturgia *Sacrosanctum concilium*.[25]

---

[25] Cf. *Ibid.*, 54.

É, todavia, motivo de satisfação constatar que em algumas nações existe uma sólida tradição de cantos religiosos, próprios para cada período do ano litúrgico: Advento, Natal, Quaresma e Páscoa. Esses cantos, conhecidos e cantados pelo povo, favorecem o recolhimento e ajudam a viver com notável participação espiritual as celebrações do mistério da fé em cada período litúrgico. Deseja-se que essa experiência positiva se estenda a outras nações e dê tonalidade aos períodos fortes do ano litúrgico, ajudando os fiéis a compreenderem a mensagem, através da música e das palavras.

O decoro do lugar sagrado

63. Os *Lineamenta* também acenam à função da *arte*. O decoro de quanto se relaciona com a celebração da Eucaristia manifesta a fé no mistério e contribui eficazmente para mantê-la viva, tanto nos ministros sagrados como nos fiéis. Tal capacidade pode expressar-se na conveniente disposição do espaço sagrado, bem como na apropriada colocação do sacrário e da presidência, e mesmo na atenção a certos pormenores, como a limpeza, as ornamentações e o uso de flores frescas. De fato, muito contribui para a formação dos fiéis, em matéria de doutrina eucarística, não só o que eles ouvem, mas também o que eles vêem. Pelo contrário, o desleixo mostra que a fé é débil.

A tradição da Igreja recebeu da Bíblia a distinção da área reservada aos ministros sagrados, a qual é sinal eloqüente de que é o Senhor que admite ao serviço e escolhe os seus ministros. As Igrejas orientais mantiveram essa distinção com a delimitação do santuário, e as ocidentais com a área do presbitério. A distinção atesta que, na liturgia, o povo de Deus se manifesta hierarquicamente ordenado e devidamente colocado para participar ativamente nela. O altar é a parte mais santa do templo e está elevado para indicar a obra de Deus, que é superior a qualquer obra humana. As toalhas brancas que o cobrem indicam a pureza necessária para acolher a Deus. O altar, aliás, como o próprio templo, só a ele é dedicado, não podendo ser utilizado para outros fins.

64. Nas respostas emerge a preocupação de as igrejas serem freqüentemente usadas para fins profanos, como concertos e atividades teatrais, nem sempre de índole religiosa. A liturgia da dedicação da igreja recorda que a comunidade oferece o templo totalmente ao Senhor e que, portanto, não se pode destiná-lo a uma finalidade diferente daquela para que foi consagrado.

Foram assinalados outros fenômenos contrários à dita tradição da Igreja e que obscurecem o sentido do sagrado e a transcendência do mistério. Por exemplo, muitas igrejas novas e também algumas antigas reestruturadas mostram como o critério fundamental do projecto arquitetônico visa à proximidade dos fiéis ao altar, com a finalidade de assegurar uma boa visão e uma maior comunicação entre o celebrante e a assembléia. A própria tendência a deslocar o altar para o espaço destinado aos fiéis, eliminando praticamente a área do presbitério, deriva dessa concepção. É verdade que assim se ganha em termos de comunicação, mas nem sempre se salvaguarda suficientemente o sentido do sagrado, que também é elemento essencial das celebrações litúrgicas.

Outras respostas apresentam alguns sinais animadores. Seguindo as linhas da *Instrução geral do Missal romano*, tomaram-se diversas iniciativas para que o espaço sagrado das igrejas já existentes ou das que estão em fase de construção seja um verdadeiro lugar de oração e adoração, onde a arte e a iconografia se tornem instrumentos a serviço da liturgia. Assim, por exemplo, voltou-se a colocar em algumas igrejas os genuflexórios e recuperou-se entre os fiéis a prática de se ajoelhar durante a oração eucarística; onde o sacrário não era claramente visível, foi recolocado no santuário ou em lugar proeminente; os novos projetos das igrejas dão mais atenção à arte, à decoração, às alfaias e paramentos sagrados. Assim, procura-se harmonizar a proximidade do celebrante com o povo e a sacralidade do mistério de Deus, ao mesmo tempo presente e transcendente.

Capítulo II

ADORAR O MISTÉRIO DO SENHOR

*Adorai Cristo Senhor em vossos corações,
prontos sempre a responder, a quem quer que seja,
sobre a razão da esperança que há em vós (1Pd 3,15)*

Da celebração à adoração

65. A adoração é a atitude que mais convém ao celebrante e à assembléia litúrgica diante de Deus todo-poderoso, que se torna realmente presente no sacramento da Eucaristia. Muitas vezes esse comportamento prolonga-se para além da santa missa em modalidades próprias da Igreja católica.

Deus procura o ser humano e este deseja vê-lo. "Segredou-me o coração: procura a sua face. É, Senhor, o vosso rosto que eu persigo. Não escondais de mim o vosso rosto" (Sl 26,8-9). O cristianismo não é só a religião do escutar, mas também do ver. Vendo Jesus, vê-se a Deus Pai (cf. Jo 14,9). Deus assume a natureza humana para compartilhar a nossa vida. A carta de são Paulo aos filipenses levanta um pouco o véu desse mistério, a que damos o nome de *kénosis*, isto é: o Filho despoja-se da glória que lhe é devida para participar da natureza humana: "Cristo Jesus, que era de condição divina, não quis ter a exigência de ser posto ao nível de Deus [...]" (Fl 2,6). Essa *kénosis*, em certo sentido, continua na Eucaristia, se bem que nesta esteja presente o corpo ressuscitado e glorioso do Senhor. Mas o paradoxo é que Jesus de Nazaré revela Deus na plenitude da sua humanidade: "Quem me vê, vê aquele que me enviou" (Jo 12,45), como disse aos judeus, resumindo numa frase a verdade profunda da fé cristã. O Deus que se faz homem provoca reações na esfera do conhecer, tais como o ver, o tocar, o ouvir, o contemplar (cf. 1Jo 1,1-2). Numa palavra, a revelação de Jesus põe em ato uma relação que envolve os sentidos como faculdades de mediação do conhecimento. O ver e o escutar tornam-se um binômio essencial para a religião cristã. Jesus de Nazaré não pode ser apenas escutado; também deve ser visto.

Jesus é imagem do Deus invisível (cf. Cl 1,15). A palavra *eikon* está cheia do seu sentido histórico, porque não reduz a mero símbolo o que representa. Na cultura grega em geral, *eikon* significava retrato. Acredita-se num retrato só quando representa o rosto real, concreto e histórico, sem lugar para a fantasia.

Volta-se ao tema do rosto, ou seja, à expressão pessoal, que, melhor do que qualquer outra, exprime a identidade. O rosto de Jesus, que deixa entrever Deus, torna-se no mesmo instante ícone de toda a humanidade redimida e salvada, "tendo ele passado por todas as provações, tal como nós" (Hb 4,15). Já isso explica porque o cristianismo não é uma simples religião do livro.

A Eucaristia produz um culto completo, sendo ao mesmo tempo sacrifício, memorial e banquete, e pede a contemplação. Há de, portanto, superar a dificuldade psicológica que leva a interpretar falsamente a adoração e a reverência como uma forma anômala da liturgia e, por conseguinte, a depreciar atos de culto eucarístico, como a exposição e a bênção do Santíssimo.

Atitudes de adoração

66. Entre os problemas mais graves e comuns nos países ocidentais e em outros continentes, onde por vezes foram importados por certos agentes pastorais, sobressaem a crise da oração e a redução da celebração da Eucaristia a um preceito ou a um simples ato de assembléia.

As respostas aos *Lineamenta* pedem que se relance a oração no sentido pleno e completo, como dom, aliança e comunhão,[1] com as suas modalidades de bênção, adoração, louvor, agradecimento, pedido, expiação e intercessão. Sem a necessária catequese nessa matéria, os fiéis não poderão tirar proveito dessa linfa que emana da liturgia, *regula fidei* através dos santos sinais.

A iniciativa de dedicar uma igreja ou um espaço à adoração e à meditação é muito freqüente nas respostas. De fato, os seres humanos de hoje, levados pelo ritmo frenético da vida moderna, sentem a necessidade de parar, pensar e rezar. Diversas religiões, sobretudo do Oriente, propõem a meditação segundo as características da própria tradição religiosa peculiar. Até para fazer frente a esse desafio, os

---

[1] Cf. *Catechismus Catholicæ Ecclesiæ*, 2559-2565.

cristãos são chamados a redescobrir a beleza da adoração, da oração pessoal e comunitária, do silêncio e da meditação, que no cristianismo é encontro pessoal do ser humanos com Deus, Trindade Santíssima, com Jesus Cristo ressuscitado presente na Eucaristia, pelo poder do Espírito Santo, em louvor de Deus Pai.

Pede-se uma nova apresentação dos motivos teológicos e espirituais da adoração, entendida como preparação à santa missa, como atitude celebrativa dos santos mistérios e como agradecimento pelo dom da Eucaristia. Nessa linha, foi proposto que se favorecesse a recuperação das confrarias do Santíssimo Sacramento, adaptando-as às expectativas e necessidades do ser humano contemporâneo em busca de Deus. Além disso, sugere-se que se promova entre os sacerdotes a adoração eucarística. Cada paróquia poderia, depois, organizar um dia de exposição solene do Santíssimo Sacramento, de modo que nas dioceses, sobretudo de certa dimensão, o povo de Deus possa todas as semanas adorar o Senhor Eucaristia numa das paróquias da mesma. Um regresso à bênção do Santíssimo, sobretudo nas tardes de domingo, onde tal prática tiver sido abandonada, poderia ajudar a incrementar a devoção eucarística. Podem ser recitadas as vésperas ou as laudes diante do Santíssimo exposto. Onde se celebram diversas santas missas — por exemplo, de tarde, em algumas paróquias de cidade —, poder-se-ia introduzir uma hora de adoração entre duas missas.

Igualmente, há de apoiar outras formas de devoção eucarística, como a adoração da quinta-feira, as procissões com o Santíssimo, sobretudo na solenidade do *Corpo de Deus*, a visita ao Santíssimo, as Quarenta Horas, a oração comunitária diante do Santíssimo exposto. Tais atos, segundo as indicações do magistério, introduzem os fiéis na oração de reparação pelas ofensas feitas sobretudo ao Santíssimo Sacramento.[2] Conviria, ainda, valorizar, na justa medida, as expressões da *piedade popular* relacionadas com a Eucaristia, como os cantos, os arranjos florais e os enfeites.

67. A oração começa no *silêncio* que leva à consciência de estar na presença do Senhor, que fala ao coração e provoca uma resposta na grande oração da liturgia ou na adoração eucarística fora dela. Nesse diálogo, realizam-se atos exteriores, que são gestos religiosos: o sinal da cruz, os movimentos das mãos, as genuflexões, as inclinações, o estar de pé ou sentado, a procissão e outros.[3] Várias respostas aos *Lineamenta* exortam que se faça uma catequese sobre esses comportamentos exteriores, tornando-os autênticos, graças a uma maior compreensão dos mesmos.

Os sacerdotes e os fiéis manifestam a fé e a adoração através de comportamentos do corpo, segundo as indicações dos livros litúrgicos ou segundo a tradição. Atendendo às culturas, prevêem-se adaptações nesses gestos, uma vez que se tornem expressivos da veneração e do amor para com o mistério da Eucaristia.

---

[2] Cf. Pius XI, litt. enc. *Miserentissimus Redemptor* (8 Maii 1928): *AAS* 20 (1928) 169; litt. enc. *Haurietis aquas* (15 Maii 1956): *AAS* 48 (1956) 350-352; Paulus VI, litt. enc. *Mysterium fidei* (3 Septembris1965): *AAS* 57 (1965) 769-770; Sacra Congregatio Rituum, instr. *Eucharisticum mysterium* (25 Maii 1967), 58-67: *AAS* 59 (1967) 569-573.

[3] Cf. Guardini Romano, *Lo spirito della liturgia. I santi segni*, Morcelliana, Brescia, 1930, pp. 133 et sq.

À espera do Senhor

68. Jesus ressuscitado é "o primogênito dos que ressuscitam dos mortos" (Cl 1,18). Essas palavras do apóstolo Paulo exprimem a verdade revelada, segundo a qual a morte não é para o cristão o fim de tudo, mas antes a porta de entrada para uma vida nova e misteriosa, caracterizada por uma relação íntima e direta com o Senhor e, portanto, por uma felicidade que supera radicalmente toda a nossa expectativa.

Não se pode, porém, esquecer que certos fatores culturais tendem a eliminar toda perspectiva para além da morte, enquanto a reivindicação da total autonomia ética do ser humano torna inaceitável, ou pelo menos irrelevante, qualquer idéia de prêmio ou de castigo pelos nossos comportamentos morais, que nos esperariam depois da morte.

Em várias respostas, considera-se inadequada a catequese que hoje se dá sobre a verdade escatológica da Eucaristia. O *Catecismo da Igreja Católica*[4] dedica-lhe um título: "A Eucaristia, penhor da glória futura, pregustação do banquete do Reino de Deus e manifestação da comunhão dos santos". Naturalmente, tal antecipação não é alheia à vida do mundo, como se exprime na seguinte oração: "Fazei, Senhor, que os vossos sacramentos realizem em nós o que significam, para alcançarmos um dia, em plenitude, o que celebramos nesses santos mistérios".[5]

69. A tensão escatológica pode ser explicada como sendo a irrupção no hoje litúrgico daquele que é, que era e que vem.

---

[4] Cf. *Catechismus Catholicæ Ecclesiæ*, 1402-1405.

[5] *Missale romanum*, oratio post-communionem, XXX dominica per annum.

Ele, o Ressuscitado e o Vivente, está sempre presente. Por isso a Eucaristia é o sacramento da presença daquele que disse: "Eu estou sempre convosco até o fim dos tempos" (Mt 28,20). Algumas respostas aos *Lineamenta* reconhecem que esse aspecto não é suficientemente evidenciado, a não ser, para a liturgia latina, nas missas exequiais e nas dos dias 1º e 2 de novembro, ou em algumas orações pelos defuntos nos textos da missa.

Muitos têm a noção de que a Eucaristia é fonte de comunhão com os defuntos e com os santos, não que já seja pregustação do banquete celeste. Por isso seria conveniente ter presente que, embora a comunhão dos santos seja celebrada durante todo o ano litúrgico, o mês de novembro inteiro é uma ótima ocasião para celebrá-la com a intercessão pelos defuntos.

Quanto à menção do nome dos defuntos na missa, embora haja normas precisas em matéria, não poucas respostas acenam a abusos, que vão desde a recusa de qualquer menção a uma sua repetição despropositada.

Por outro lado, as mesmas respostas propõem que se dê alguma orientação para melhor realçar a dimensão escatológica do mistério eucarístico: a oração voltada, tanto quanto possível, para o *Oriente*, e uma adequada apresentação da relação entre a presença real de Cristo na Eucaristia e a adoração eucarística, com que se pede para chegar à plenitude da sua presença, quando ele, no fim dos tempos, nos admitir ao banquete escatológico, como recordam as anáforas: "esperando a sua vinda gloriosa".[6] A Eucaristia é

---

[6] *Ibid.*, preces eucharisticæ III e IV.

remédio de imortalidade, porque, precavendo do pecado como seu antídoto e libertando dos pecados veniais, infunde na alma a força da graça que santifica e prepara para a vida eterna, com a invocação dirigida ao Senhor que vem: *Maranà thá* (1Cor 16,22; cf. Ap 22,20).

A Eucaristia dominical

70. As respostas convidam a dar mais atenção à celebração da Eucaristia no *dies domini*, dia sagrado para a vida da Igreja, para a comunidade de fé e para cada crente. É nesse contexto que se deve evidenciar a importância da comunidade que se reúne para a celebração, porque o Senhor está no meio dela. Sem fé, porém, não se pode falar do dia do Senhor, nem vivê-lo. O domingo ajuda a ver o mundo à luz da Eucaristia. A missa é o sacrifício de Cristo que transforma o mundo e que pede à Igreja para tornar-se também ela oferta, abrindo-se a todos.

A Eucaristia é, ao mesmo tempo, fonte de uma cultura do perdão, tão difícil nos nossos dias. Durante a celebração eucarística, diversas vezes pede-se perdão para renovar a vida. O papa João Paulo II convidava também a tomar, como "consequência significativa da tensão escatológica intrínseca à Eucaristia",[7] o fato de esta lançar uma semente de esperança ativa no empenho quotidiano e de criar novos sinais no mundo, para se poder dizer que se vive da Eucaristia.

---

[7] Ioannes Paulus II, litt. enc. *Ecclesia de Eucharistia* (17 Aprilis 2003), 20: *AAS* 95 (2003) 446.

O dia do Senhor é também o dia da solidariedade e da partilha com os pobres, já que a Eucaristia é vínculo de fraternidade e fonte de comunhão. Com efeito, "da missa dominical parte uma onda de caridade destinada a estender-se a toda a vida dos fiéis, começando por animar o próprio modo de viver o resto do domingo".[8]

71. Sem missa dominical não se alimenta a fé no encontro com o Senhor, não se ouve a Palavra de Deus, nem se vive a realidade comunitária da Igreja. Para muitos, o único contato com a Igreja é a missa dominical, dependendo, portanto, a sua fé desse momento. Se o cristão faltar à missa dominical, virá gradualmente a faltar-lhe Cristo. Deverão empenhar-se na promoção do respeito pelo dia do Senhor todos os membros do povo de Deus, sobretudo o clero, as pessoas consagradas, os catequistas e os membros dos movimentos eclesiais. A assembléia sinodal deveria contribuir para redescobrir o profundo sentido teológico e espiritual do domingo como dia do Senhor, favorecendo a sua celebração que, por sua vez, terá conseqüências positivas para os fiéis e suas famílias e para toda a comunidade.

De fato, dedicando tempo ao Senhor todos os domingos e festas de preceito, o ser humano, como pessoa e membro de uma família, descobre a hierarquia dos valores, com que deve conformar a sua existência, aproveitando o tempo livre para, em união com Deus, seu Criador e Redentor, dar-se ao cultivo das suas capacidades humanas e cristãs a bem

---

[8] Ioannes Paulus II, epist. ap. *Dies Domini* (31 Maii 1998), 72: *AAS* 90 (1998) 757-758.

da sociedade inteira. Por isso é importante manter o domingo como dia não-laboral, sobretudo nos países de tradição cristã.

Diversas respostas aos *Lineamenta* pedem orientações pastorais capazes de motivar os fiéis a participar na Eucaristia, sobretudo no domingo. Na celebração do dia do Senhor, os fiéis, freqüentemente às voltas com problemas pessoais, familiares e sociais de vária ordem, inseridos numa assembléia acolhedora, poderão receber da Eucaristia, fonte de luz, de paz e consolação espiritual, a força necessária para transformar a sua vida e o mundo segundo os planos de Deus Pai em Jesus Cristo.

Ao mesmo tempo, sente-se a necessidade de garantir a celebração da missa ao maior número possível de fiéis, de insistir sobre as disposições essenciais para receber dignamente a Eucaristia, ou seja, o estado de graça e o jejum, de prestar assistência pastoral aos que vivem em condições morais que não lhes permitam participar na comunhão sacramental.

No contexto dessa última, propõe-se que se apresente de forma resumida a doutrina sobre a comunhão espiritual ou de desejo, baseada nos privilégios conferidos pelo batismo e que é a única forma de comunhão a que muitos podem ter acesso por falta objetiva ou subjetiva de condições para a comunhão sacramental. Podem fazer sempre a comunhão espiritual, por exemplo, as pessoas idosas e enfermas que nutrem amor pela Eucaristia e que participam na comunhão dos santos com grande benefício espiritual para elas próprias e para a Igreja, enriquecendo-a com os seus sofrimentos oferecidos a Deus. Assim se completa o que falta à paixão de Cristo, em benefício do seu corpo, que é a Igreja (cf. Cl 1,24), e proclama-se o "Evangelho do sofrimento",[9] que o Mestre confiou aos seus discípulos com o seu sacrifício, de que a Eucaristia é memorial.

Levar a redescobrir o sentido de alegria da celebração eucarística dominical é um dos muitos desafios pastorais lançados à Igreja no mundo de hoje, cada vez mais inclinado a conceber a festa apenas como momento de diversão superficial e não como momento de comunhão e de celebração. Outro desafio igualmente exigente é suscitar interesse pela participação das famílias na santa missa. Assim, a família — *Igreja doméstica* — alarga os seus horizontes cristãos e, na comunhão com outras famílias, descobre que é parte viva da grande família de Deus, a Igreja católica.

Por fim, a celebração dominical dos católicos torna-se um sinal distintivo para os mesmos, nomeadamente nos países onde são minoria. Rezando juntos e convertendo, depois, essa atitude em obras de caridade, contribui-se eficazmente para melhorar a sociedade, sobretudo nas nações em que, por tradição, domina uma visão individualista da relação do ser humano com a divindade.

---

[9] Cf. Ioannes Paulus II, epist. ap. *Salvifici doloris* (11 Februarii 1984), 25-27: *AAS* 76 (1984) 235-242.

IV PARTE

A EUCARISTIA NA MISSÃO DA IGREJA

Capítulo I

A ESPIRITUALIDADE
EUCARÍSTICA

*Permanecei em mim, e eu permanecerei em vós.
Como a vara não pode dar fruto por si mesma
se não permanecer na cepa, assim vós também não,
se não permanecerdes em mim (Jo 15,4)*

A Eucaristia, fonte da moral cristã

72. A metáfora do evangelho de são João, inserida no discurso da última ceia, adquire um significado não só eclesial, mas também moral, porque a vida da graça recebida através da Eucaristia torna-se garantia da verdadeira comunhão eclesial e também de uma vida moral caracterizada pelas boas obras e por uma retidão no agir, própria de quem está unido vitalmente a Cristo.

Não poucas respostas aos *Lineamenta* insistem no sentido pessoal e eclesial da Eucaristia em relação à vida moral, à santidade e à missão no mundo. A presença e ação permanentes do Espírito Santo, dom do Senhor ressuscitado, recebido através da comunhão, são fonte do dinamismo da vida espiritual, da santidade e do testemunho dos fiéis.

A Eucaristia e a vida moral, portanto, são inseparáveis, já porque, alimentando-se do santo sacramento, se obtém a transformação interior, já porque a Eucaristia leva o ser humano renascido no batismo a uma vida segundo o Espírito, uma nova vida moral, que não é segundo a carne. A Eucaristia reforça verdadeiramente o sentido cristão da vida, enquanto a sua celebração é um serviço a Deus e aos irmãos e leva a um testemunho dos valores evangélicos no mundo. Assim, as três dimensões da vida cristã, *liturgia – martyria – diakonia*, exprimem a continuidade entre o sacramento celebrado e adorado, o empenho de testemunhar Cristo no meio das realidades temporais e a comunhão construída através do serviço da caridade, sobretudo em favor dos pobres.

73. Diversas respostas insistiram na relação entre Eucaristia e vida moral, evidenciando uma notável tomada de consciência da importância do empenho moral derivado da comunhão eucarística. Não faltam referências ao fato de demasiados fiéis se abeirarem do sacramento sem refletir suficientemente sobre a moralidade da sua vida.[1] Há quem receba a comunhão mesmo negando a doutrina da Igreja ou dando público apoio a opções imorais, como o aborto, sem pensar que estão cometendo atos de grave desonestidade pessoal e dando escândalo. Existem, de fato, católicos que não compreendem porque seja pecado grave apoiar politicamente um candidato abertamente favorável ao aborto ou a outros atos graves contra a vida, a justiça e a paz. Desse comportamento deduz-se, além do mais, que o sentido

---

[1] Cf. Ioannes Paulus II, adhort. ap. *Familiaris consortio* (22 Novembris 1981), 79-85: *AAS* 74 (1982) 180-187.

de pertença à Igreja está em crise e que não é clara a distinção entre pecado venial e pecado mortal.

Muitas respostas observam também que alguns católicos não se diferenciam das outras pessoas, cedendo à tentação de corrupção, nas suas diversas expressões e níveis.

É freqüente separar as exigências específicas da vida moral da função da Igreja como mestra de vida, pensando que os ensinamentos desta tenham de passar pelo filtro da consciência individual. E há ocasiões em que os pastores se viram na necessidade de explicar o porquê da contradição de invocar a liberdade de consciência ou a liberdade religiosa como critério para não seguir o ensinamento da Igreja. Insiste-se no dever dos fiéis de procurar a verdade e de formar uma consciência reta.

Mas também há muitos que se esforçam por integrar a Eucaristia na própria vida e considerá-la fonte de força para vencer o pecado. É o que acontece sobretudo nas paróquias, onde existe uma forte presença de ministérios diversificados, de organizações de caridade, grupos de oração e associações de leigos.

74. As respostas aos *Lineamenta* dão sugestões para superar a dicotomia entre o ensinamento da Igreja e o comportamento moral dos fiéis. Assinala-se, antes de mais nada, a conveniência de dar mais ênfase à necessidade da santificação e conversão pessoais e de insistir ainda mais na unidade entre o ensinamento da Igreja e a vida moral. Além disso, os fiéis deverão ser constantemente encorajados a capacitar-se de que a Eucaristia é a fonte da força moral, da santidade e de todo o progresso espiritual. Por

fim, considera-se de importância fundamental sublinhar na catequese a ligação entre a Eucaristia e a construção de uma sociedade justa, através da responsabilidade pessoal de cada um de participar ativamente na missão da Igreja no mundo. Nesse sentido, especial responsabilidade cabe aos católicos que ocupam lugares de destaque na política e nas várias atividades sociais.

A Igreja deposita uma grande esperança nos seus jovens, cada vez mais atentos à Eucaristia, tesouro precioso, fonte inesgotável para a renovação da vida da Igreja e para a esperança do mundo. Não surpreende, portanto, que o tema escolhido para o Dia Mundial da Juventude, a ser celebrado em Colônia, de 16 a 21 de agosto de 2005, "Viemos para adorá-lo" (Mt 2,3), tenha um profundo significado eucarístico. Merece especial atenção o válido contributo que esse importante acontecimento oferece à reflexão sinodal. A propósito, o papa João Paulo II afirmava: "A Eucaristia é o centro vital, em redor do qual desejo que os jovens se congreguem para alimentar a sua fé e o seu entusiasmo".[2] Por isso a pertinência da sugestão de, também nas escolas católicas, dar-se importância à educação das jovens gerações à fé, especialmente à espiritualidade eucarística.

A Eucaristia, que é presença do corpo e sangue de Jesus Cristo ressuscitado, leva à perfeição e à santidade da vida cristã. Para alcançar esse ideal, são necessárias a graça de

---

[2] Ioannes Paulus II, litt. ap. *Mane nobiscum Domine* (7 Octobris 2004) 4: *L'Osservatore Romano* (9 Octobris 2004), 5.

Deus, a boa disposição dos crentes e uma catequese permanente para todas as categorias de pessoas.

Pessoas e comunidades eucarísticas

75. A Eucaristia mostra a sua eficácia nos frutos de vida nova que produz sobre a terra, frutos de santificação e divinização, ou seja, de vida eterna. Nesse sentido, a Eucaristia revela-se como sacramento de alta espiritualidade.

Muitas respostas assinalam um avanço positivo na espiritualidade eucarística. De fato, em muitos lugares assiste-se, nesses últimos anos, a uma reafirmação da adoração do Santíssimo Sacramento. A propósito, acena-se a um crescimento da devoção eucarística nas igrejas paroquiais e de reitorias, como provam-no o tempo dedicado à adoração eucarística e a criação de capelas especiais para esse fim. Continua a ser muito estimada a procissão do *Corpo de Deus* e promovida a liturgia das horas diante do Santíssimo exposto. É igualmente importante, nesse aspecto, a devoção inculcada pelos novos movimentos. Onde existe uma verdadeira formação catequética e litúrgica, os fiéis compreendem claramente a diferença entre a missa e as demais celebrações litúrgicas ou práticas devocionais, participando piamente em todas as iniciativas eucarísticas propostas pelos seus pastores. Em geral, pode-se dizer que em todas essas práticas a devoção encontra alimento, que se traduz numa doação de si próprio — espírito, alma e corpo — ao Senhor.

Mas também há respostas que referem situações menos encorajadoras: o abandono da prática da bênção eucarística; o prolongado fechamento diurno das igrejas, talvez com medo de furtos, o que impede a adoração eucarística privada dos fiéis; a colocação do sacrário em lugares pouco significativos ou afastados, difíceis de encontrar, pelo que a maioria dos fiéis, ao entrar na igreja, nem se apercebe da presença do Santíssimo Sacramento, deixando de rezar; o enfraquecimento do costume da visita ao Santíssimo para a oração pessoal e a meditação; a falta de uma catequese que ensine a diferença entre a santa missa e as outras celebrações litúrgicas ou práticas devocionais; uma visão demasiado individualista da missa, que não permite apreciar devidamente a dimensão comunitária do sacrifício eucarístico.

76. São diversas as respostas aos *Lineamenta* que pedem uma maior tomada de consciência da dimensão eclesial da Eucaristia que supere todo individualismo, e uma renovação da espiritualidade eucarística que apresente o sacramento como início da redenção do mundo, integrando também a devoção a Cristo ressuscitado.

Exprime-se a necessidade de promover, de forma adequada, o conhecimento da vida dos santos e beatos que foram modelos de espiritualidade e de vida eucarística, fazendo-se eco da recomendação presente na encíclica *Ecclesia de Eucharistia*.[3] Eles nos ensinam a centrar a vida cristã no mistério da Eucaristia, a adorar a presença do Senhor no Santíssimo Sacramento, a alimentar-nos do pão de vida que anima o nosso peregrinar para a pátria celeste. Para todos os santos, a Eucaristia é o centro e o fulcro da vida espiritual, mas foram muitos os que desenvolveram uma espiritualidade

---

[3] Cf. Ioannes Paulus II, litt. enc. *Ecclesia de Eucharistia* (17 Aprilis 2003), 25 et 62: *AAS* 95 (2003) 449-450; 474-475.

genuinamente eucarística, desde santo Inácio de Antioquia a são Tarcísio, de são João Crisóstomo a santo Agostinho, de santo Antão a são Bento, de são Francisco de Assis a são Tomás de Aquino, de santa Catarina de Sena a santa Clara de Assis, de são Pascal Bailão a são Pedro Julião Eymard, de santo Afonso de Ligório ao servo de Deus Carlos de Foucauld, de são João Maria Vianney ao beato Józef Bilczewski, do beato Ivan Mertz à beata Teresa de Calcutá, para citar apenas alguns exemplos de um grande elenco.[4]

Maria, mulher eucarística

77. Entre todos os santos, a santíssima Virgem Maria resplandece como modelo de santidade e de espiritualidade eucarística. Na tradição viva da Igreja, o seu nome é recordado com veneração em todas as anáforas da santa missa e com particular realce nas Igrejas orientais católicas. São várias as respostas que pedem para especificar melhor o papel da bem-aventurada Virgem Maria na liturgia eucarística.

Maria está de tal maneira ligada ao mistério eucarístico que mereceu que o papa João Paulo II, na encíclica *Ecclesia de Eucharistia*, justamente a chamasse de "Mulher eucarística"[5]

---

[4] Relatio inter Eucharistiam, sanctitatem et sanctificationem argumentum fuit Symposii cuiusdam, a Congregatione de Causis Sanctorum promoti, cuius inter labores in lucem perductæ sunt divitiæ illius thesauri eucharisticæ spiritualitatis, quæ in vita sanctorum præsens adest. Ad rem cf. *Eucaristia: santità e santificazione*, Atti del simposio celebrato dal 6 al 7 dicembre 1999, in Vaticano, Libreria Editrice Vaticana, 2000.

[5] Cf. Ioannes Paulus II, litt. enc. *Ecclesia de Eucharistia* (17 Aprilis 2003), 53: *AAS* 95 (2003) 469.

Na existência de Maria de Nazaré, exprime-se de forma sublime não só a relação exclusiva entre a mãe e o filho de Deus que recebeu corpo e sangue do seu corpo e do seu sangue, mas também a íntima relação que une a Igreja e a Eucaristia, já que a santíssima Virgem é modelo e figura da Igreja, cuja vida e missão têm a fonte e o ápice no corpo e sangue do Senhor Jesus Cristo.

A orientação eucarística de Maria deriva de uma atitude interior que marca toda a sua vida, mais do que da participação ativa no momento da instituição do sacramento. A sua existência, que tem um profundo sentido eclesial, assume também essa nota eucarística. Maria viveu em espírito eucarístico, ainda antes de esse sacramento ser instituído, pelo fato de ter oferecido o seu seio virginal à encarnação do Verbo de Deus. Durante nove meses, foi o tabernáculo vivo de Deus. Depois, realizou um gesto eucarístico e, ao mesmo tempo, eclesial, quando apresentou o menino Jesus aos pastores, aos magos e ao sumo sacerdote no templo, enquanto oferecia o fruto bendito do seu seio ao povo de Deus e também aos gentios para que o adorassem e o reconhecessem como Messias. Análogo ato foi a sua presença e a sua solícita intercessão em Caná, na hora do primeiro sinal que o filho deu, oferecendo-se através de um milagre. Semelhante gesto teve a Virgem Mãe aos pés da cruz, participando nos sofrimentos do seu filho e, depois, acolhendo nos braços o seu corpo e depondo-o numa sepultura como semente secreta de ressurreição e de vida nova para a salvação do mundo. Foi ainda uma oferta de natureza eucarística e eclesial a sua presença na efusão do Espírito Santo, primeiro dom do Senhor ressuscitado à Igreja nascente.

A Virgem Maria teve consciência de ter concebido Cristo para a salvação de todos os seres humanos. Essa consciência tornou-se mais clara na sua participação no mistério pascal, quando o seu filho, com as palavras: "Mulher, eis o teu filho" (Jo 19,26), lhe confiou, na pessoa do apóstolo João, todos os fiéis. Como a Virgem Maria, também a Igreja torna presente o Senhor Jesus por meio da celebração da Eucaristia, para dá-lo a todos, a fim de que tenham a vida em abundância (cf. Jo 10,10).

Capítulo II

A EUCARISTIA E A MISSÃO DE EVANGELIZAÇÃO

*Ide, pois, fazer discípulos de todas as nações,
batizai-os em nome do Pai, do Filho e do Espírito Santo
e ensinai-lhes a cumprir tudo quanto vos mandei (Mt 28,19-20)*

Atitude eucarística

78. O mandato missionário de evangelizar todos os povos, confiado por Jesus aos discípulos e que está fundado no batismo, sacramento que abre o caminho para uma nova vida, marcada pelo caráter indelével de filhos de Deus, inclui a formação das consciências a um estilo de vida evangélica, centrado no anúncio da Boa-Nova e no mandamento novo do amor, de que a Eucaristia é o ápice e a fonte inesgotável.

As respostas aos *Lineamenta* põem em evidência que existe em toda parte a expectativa de um renovado fervor de evangelização, porque o mundo de hoje o pede. Cresce, de fato, o número de batismos de adultos e de adesão à Igreja. Mas continuam a ser muitos os que precisam conhecer Cristo e o seu Evangelho, como existem tantos outros que, embora conhecendo-os, precisam crescer na fé que professam. A todos eles se dirige hoje o esforço da nova evangelização.

Foi o papa João Paulo II que usou pela primeira vez essa expressão, explicando simultaneamente o seu significado. Queria ele dizer que a evangelização deveria ser "nova no seu ardor, nova nos seus métodos e nova na sua expressão".[1] Assim, enquanto com essa definição se entendia uma novidade de testemunho já na atitude entusiasta dos evangelizadores, afirmava-se, ao mesmo tempo, o conteúdo perene e imutável da Boa-Nova, que é Jesus Cristo, a ser apresentada de novo e de forma adequada ao ser humano contemporâneo. Esse novo impulso da evangelização, que se pode aplicar também ao primeiro anúncio do Evangelho, alimenta-se da Eucaristia, que nas mutáveis vicissitudes da história mantém-se perenemente fonte e ápice da vida e missão da Igreja.

A Eucaristia corroborou sempre as opções e os comportamentos éticos e morais dos crentes, encontrando aceitação na filosofia, na arte, na literatura e até nas instituições civis e nas leis, contribuindo para modelar o rosto de uma civilização inteira na vida pessoal e familiar, na vida cultural, política e social. A Eucaristia leva os cristãos a empenharem-se em favor da justiça no mundo de hoje:

> Para essa missão, a Eucaristia oferece não só a força interior, mas também, em certo sentido, o *projeto*. Ela é, na realidade, um modo de ser que passa de Jesus para o cristão e, através do seu testemunho, tende a irradiar na sociedade e

---

[1] Ioannes Paulus II, alloc. *In Portu Principis, ad episcopos Consilii episcopalis Latino-Americani sodales* (9 Martii 1983), III: *AAS* 75 (1983) 777-779.

na cultura [...] Encarnar o projeto eucarístico na vida quotidiana, nos lugares onde se trabalha e vive — na família, na escola, na fábrica, nas mais diversas condições de vida — significa, para além do mais, testemunhar que *a realidade humana não se justifica sem a referência ao Criador*: sem o Criador, "a criatura não subsiste".[2]

Tudo isso se chama "comportamento eucarístico", que deve levar os cristãos a testemunhar mais vigorosamente a presença de Deus no mundo, a não ter medo de falar de Deus e de apresentar de cabeça erguida os sinais da fé no testemunho e no diálogo com todos. Por isso a "cultura da Eucaristia", a promover e difundir, será o especial compromisso deixado pelo Ano da Eucaristia.[3]

As implicações sociais da Eucaristia

79. Um efeito essencial da comunhão eucarística é a caridade que deve penetrar na vida social. O Concílio Vaticano II e o papa Paulo VI falaram da presença diversificada de Cristo:[4] há de ajudar os cristãos a compreender o que significa para a fé a ligação entre o Cristo da Eucaristia e o Cristo presente nos seus irmãos e irmãs, sobretudo nos pobres e marginalizados da sociedade.

---

[2] Ioannes Paulus II, litt. Ap. *Mane nobiscum Domine* (7 Octobris 2004) 25-26: *L'Osservatore Romano* (9 Octobris 2004), 6; cf. Conc. Œcum. Vat. II, const. past. de Ecclesia in mundo huius temporis *Gaudium et spes*, 36.

[3] Cf. *Ibid.*, 26.

[4] Cf. Conc. Œcum. Vat. II, const. de sacra liturgia *Sacrosanctum concilium*, 7; Paulus VI, litt. enc. *Mysterium fidei* (3 Septembris 1965), 35-39: *AAS* 57 (1965) 762-764; *Institutio Generalis Missalis Romani* (20 Aprilis 2000), 27.

O amor pelos pobres e marginalizados não foi apenas objeto da pregação de Jesus, mas deu sentido a toda a sua vida. A solução dos problemas grandes e pequenos da humanidade é o amor, não o fraco e retórico, mas o que Cristo nos ensina na Eucaristia; amor que se dá, que irradia e se sacrifica. Devemos rezar para que Cristo vença as nossas resistências humanas e faça de cada um de nós uma testemunha crível do seu amor.

O tema do 48º Congresso Eucarístico Internacional, *A Eucaristia, luz e vida do novo milênio*, propôs-se a afirmar que Cristo, sendo a luz do mundo, deve iluminá-lo no novo milênio com a força de uma vida renovada segundo a lógica do Evangelho. No mundo de hoje, assim dito globalizado, pouco solidário e condicionado por uma tecnologia cada vez mais sofisticada, marcado pelo terrorismo internacional e por outras formas de violência e exploração, a Eucaristia mantém a sua mensagem atual, necessária para construir uma sociedade onde prevaleçam a comunhão, a solidariedade, a liberdade, o respeito pelas pessoas, a esperança e a confiança em Deus.

A Eucaristia e a inculturação

80. A fé torna-se cultura e cria cultura. Todos conhecemos o rico tesouro de cultura que, ao longo dos séculos, se sedimentou na liturgia do Oriente e do Ocidente: os textos das orações, a riqueza dos ritos, as obras da arquitetura, das artes plásticas e da música sacra. Tudo isso mostra como a religião está ligada à cultura, que é o conjunto de tudo o que de bom e de significativo a humanidade cria. A cultura

oferece à fé os instrumentos capazes de exprimir a verdade revelada por Deus e proclamada na liturgia.

A inculturação é o processo que, desde o início, acompanhou a Igreja. Existem muitos e excelentes exemplos de inculturação. Testemunham-no, por exemplo, as Igrejas orientais católicas. Merece ser mencionada, a propósito, a obra dos santos Cirilo e Metódio, apóstolos dos povos eslavos.[5] O processo da inculturação mantém-se vivo também nas atuais comunidades eclesiais. Para poder pô-lo em prática de forma adequada, é preciso ter presentes a natureza meramente gratuita do ato redentor de Deus e a sua adequada compreensão e aceitação por parte do ser humano, na sua responsabilidade plena e na sua realidade, ao mesmo tempo pessoal e comunitária, refletidas na sua vida e cultura.

Os princípios gerais da inculturação encontram-se claramente expressos no decreto conciliar *Ad gentes*,[6] na instrução *Varietates legitimæ*, sobre a liturgia romana e a inculturação,[7] e em muitas outras intervenções do magistério a respeito do assunto.[8] O tema da inculturação foi tratado também nas várias assembléias especiais continentais do Sínodo

---

[5] Cf. Ioannes Paulus II, litt. enc. *Slavorum apostoli* (2 Iunii 1985), 21 et 26: *AAS* 77 (1985) 802-803; 806-807.

[6] Cf. Conc. Œcum. Vat. II, decr. de activitate missionali Ecclesiæ *Ad gentes*, 22.

[7] Cf. Congregatio de Cultu Divino et Disciplina Sacramentorum, instr. *Varietates legitimæ* (25 Ianuarii 1994): *AAS* 87 (1995) 288-314.

[8] Cf. Diligenter collecta Acta Magisterii circa argumentum hoc praebuit Pontificium Consilium de Cultura. Ad rem cf. *Per una Pastorale della Cultura* (23 Maii 1999): *L'Osservatore Romano* (2 Iunii 1999), Suppl.

dos Bispos e nas respectivas exortações apostólicas póssinodais.[9]

As dificuldades não faltam, todavia, quando se procura aplicar esses princípios. Os riscos são sobretudo dois: o de cair no arcaísmo e o de uma procura da modernidade a todo custo. O que não se deve esquecer é o fim da missão da Igreja: a evangelização de todos os seres humanos no coração das suas culturas. A inculturação, portanto, não é uma simples adaptação, mas o resultado vivo do encontro vivido entre a cultura de um certo ambiente e a cultura gerada pelo Evangelho. Por isso que, antes de decidir sobre a integração de certos elementos de uma cultura local na liturgia, convém que o Evangelho seja anunciado e se empreenda um grande esforço de educação à fé, ou seja, de catequese e formação em todos os níveis, para fazer nascer uma nova cultura evangelizada. Só então as conferências episcopais e outros organismos competentes deverão avaliar se a introdução na liturgia de elementos inspirados nos costumes dos povos, embora constituindo parte viva da sua cultura, podem enriquecer a ação litúrgica sem repercussões desfavoráveis para a fé e a piedade dos fiéis.

---

[9] Cf. Ioannes Paulus II, adhort. ap. post-syn. *Ecclesia in Africa* (14 Septembris 1995), III, nn. 55-71: *AAS* 88 (1996) 34-47; adhort. ap. post-syn. *Ecclesia in America* (22 Ianuarii 1999), 70: *AAS* 91 (1999) 805-806; adhort. ap. post-syn. *Ecclesia in Asia* (6 Novembris 1999), 21-22: *AAS* 92 (2000) 482-487; adhort. ap. post-syn. *Ecclesia in Oceania* (22 Novembris 2001), 16: *AAS* 94 (2002) 382-384; adhort. ap. post-syn. *Ecclesia in Europa* (28 Iunii 2003), 58-60: *AAS* 95 (2003) 685-686.

81. Das respostas aos *Lineamenta* deduz-se que, nas diversas partes do mundo ocidental, a inculturação normalmente se restringe a grupos de emigrantes e a paróquias étnicas, sendo vários os esforços realizados nesse campo. Em outras áreas geográficas, o tema está se tornando uma prioridade pastoral.

Em todo caso, sobre o tema da inculturação litúrgica, há de respeitar as normas dos documentos oficiais da Igreja, que dão oportunos critérios pastorais, tendo sempre presente que é necessária uma grande fidelidade ao Espírito Santo para "conservar imutável o depósito da fé, por mais variadas que se apresentem as formas da oração e dos sagrados ritos".[10] Precisamente por isso, é necessário manter um grande equilíbrio entre a tradição, que exprime uma fé inalterada na Eucaristia, e a adaptação às novas condições.

Algumas respostas aludem a certos problemas resultantes das tentativas de inculturação litúrgica, que, embora feitas de boa-fé, podem projetar sombras sobre a Eucaristia. A esse respeito, observa-se que nem sempre os elementos locais, como cantos, gestos, danças e vestes, são convenientemente submetidos a uma purificação para que se incorpore na celebração litúrgica apenas o que convém ao culto eucarístico. Não faltaram também casos de adaptações litúrgicas promovidas de boa-fé, mas sem um adequado conhecimento da cultura local, causando escândalo entre

---

[10] *Institutio Generalis Missalis Romani* (20 Aprilis 2000), 9.

os fiéis, que ficam perplexos ao ver atribuir à Eucaristia significados impróprios, típicos de alguns de seus ritos.

De outras respostas aos *Lineamenta* sobressaem, ao contrário, aspectos positivos em matéria de inculturação, sobretudo no campo da música sacra. Em todo caso, recomenda-se que a inculturação seja feita sob a responsabilidade do ordinário diocesano, com a supervisão da conferência episcopal e a *recognitio* da Santa Sé. Ao mesmo tempo, pede-se para serem observadas fielmente as normas comuns no campo da inculturação e da inovação, para evitar que, em nome da inculturação, se façam mudanças inconvenientes.

Pede-se para conservar o uso do latim, sobretudo nas celebrações de caráter internacional, de modo a exprimir a unidade e a universalidade da Igreja relativamente ao rito da Igreja-Mãe de Roma. A propósito, conviria que os cristãos de todos os países fossem capazes de rezar e cantar em latim alguns textos fundamentais da liturgia, como o glória, o credo, o pai-nosso.

A Eucaristia e a paz

82. Antes de distribuir a sagrada comunhão, o bispo ou o presbítero rezam ao Senhor Jesus Cristo ressuscitado, que disse aos seus discípulos: "deixo-vos a paz, dou-vos a minha paz" (Jo 14,27). O celebrante pede ao Senhor Jesus que conceda à Igreja união e paz segundo a sua vontade.[11]

---

[11] Cf. *Missale romanum*, oratio "Domine Iesu Christe".

A Eucaristia é o sacramento da paz, consumada na reconciliação com Deus e com o próximo através do sacramento da penitência; ela torna atual a graça que o Senhor ressuscitado exprimiu com as palavras: "a paz esteja convosco" (Jo 20,19). O sacramento da Eucaristia, além disso, oferece aos crentes a graça para pôr em prática o espírito das bem-aventuranças e, de modo especial, a proclamação de Jesus Cristo: "Felizes os construtores da paz" (Mt 5,9). Com o sacrifício da cruz, Jesus alcança a vitória sobre o pecado, sobre a morte e sobre todas as divisões e ódios. Ressuscitado, concede a sua paz aos que estão perto e aos que estão longe (cf. Ef 2,17).

A paz dos corações, das famílias, das comunidades e da Igreja é o dom do Senhor ressuscitado, presente no sacramento da Eucaristia. Quem se aproxima desse sacramento deve já ter em si a paz de Deus, que o pecado destrói. Enquanto o ato penitencial no início da santa missa purifica dos pecados veniais, para os pecados mortais é necessária a absolvição sacramental. A Eucaristia reforça, já por si, esse dom da paz e oferece a todos os que a recebem a graça de se tornarem, por sua vez, construtores de paz nos ambientes onde vivem e trabalham.

83. Os fiéis deverão redescobrir a Eucaristia como força de reconciliação e de paz com Deus e entre os irmãos. No mundo atual, em que são tantos os motivos de divisão e diferenciação, mesmo legítima, convém que os cristãos, reunidos em volta da mesa do Senhor, redescubram as suas raízes comuns, que se encontram nele. Na oração, na reflexão e na adoração, os fiéis, ajudados pela Palavra de Deus e pela homilia do celebrante, serão confortados na sua fé,

caridade e esperança para poderem empenhar-se cada vez mais e melhor no urgente dever de construir um mundo melhor, mais justo e pacífico. Respeitarão as diferentes opções políticas e sociais, uma vez que não estejam em contradição com as normas fundamentais do Evangelho que inspiraram a doutrina social da Igreja.

Nem sempre, porém, se tem consciência dessa dimensão da Eucaristia, e assim se tornam contraditórias e escandalosas as situações de prolongado conflito entre as pessoas e entre as comunidades. Pacificada nos seus fiéis, a Igreja celebra e adora a Eucaristia como sacramento de piedade, sinal de unidade e vínculo de caridade.[12]

84. Beneficiando do manancial de graça que é a Eucaristia, a Igreja promove a causa da paz no mundo, dilacerado por conflitos, violências, terrorismo e guerras que ferem a dignidade dos seres humanos e dos povos e dificultam todo o seu progresso. A Igreja católica não se cansa de proclamar o Evangelho da paz (cf. Ef 6,15) e, promovendo iniciativas de diversa ordem para fazer cessar toda guerra, encoraja com o diálogo e a colaboração a construção da paz no mundo.

A Eucaristia, memorial do sacrifício de Jesus Cristo, que é "a nossa paz e aquele que fez de judeus e gentios um só povo e derrubou a barreira que os separava, a inimizade" (Ef 2,14), orienta a Igreja para essa missão urgente e difícil, abrindo-a à colaboração com os seres humanos de boa

---

[12] Cf. S. Augustinus, *In Ioannis evangelium tractatus*, XXVI, cap. VI, n. 13: *PL* 35, 1613.

vontade. A Eucaristia, sacramento dos reconciliados com Deus e com os irmãos (cf. Cl 1,22), torna-se também incitamento ao exercício do "ministério da reconciliação" (2Cor 5,18). Sabendo, pela Palavra de Deus, que todos pecaram (cf. Rm 3,23) e que, portanto, todos precisam de perdão, a Igreja convida os seres humanos a saírem do círculo vicioso da violência e do ódio, encontrando a força de *pedir perdão e perdoar*.

Em nome da Igreja, o santo padre e a santa Sé estão ativamente presentes nos foros internacionais, apoiando vigorosamente a causa da paz, promovendo o diálogo e a colaboração no respeito do direito internacional, até mesmo trabalhando para a redução dos armamentos e a eliminação das armas de destruição de massa. Em tal ação de convite, persuasão e educação, as mensagens do papa para o Dia Mundial da Paz assumem um papel importante.

Consciente de que a verdadeira paz só pode vir do alto (cf. Tg 1,17; Lc 2,14), a Igreja não desiste de pedir esse grande dom, contribuindo para que ele possa difundir-se o mais possível nesta terra, antes de brilhar em plenitude na eternidade, onde o Deus da vida assegura a paz, a bênção, a luz e a alegria dos construtores de paz (cf. Mt 5,9).

A Eucaristia e a unidade

85. Na oração eucarística, a Igreja pede a Deus todo-poderoso que lhe conceda também o dom da unidade. Esse dom tem a ver com a própria natureza da Igreja, querida por Jesus Cristo e que se define precisamente nos seus atributos essenciais como una, santa, católica e apostólica.

O Senhor Jesus, antes de aceitar o sacrifício da cruz, rezou pela unidade dos seus discípulos: "Pai Santo, guarda os meus discípulos no teu nome, o nome que tu me deste, para que sejam um só, como nós" (Jo 17,11). Nessa "oração sacerdotal" estão presentes os cristãos de todos os tempos. De fato, Jesus Cristo rezou pela unidade tanto dos apóstolos como dos que, graças à sua palavra, haveriam de acreditar nele (cf. Jo 17,20). A unidade dos discípulos do Senhor Jesus Cristo provém da própria natureza da Igreja. A unidade, além disso, é um dos motivos da sua credibilidade: "Como tu, ó Pai, és em mim e eu em ti, que também eles sejam um em nós, e o mundo acredite que tu me enviaste" (Jo 17,21).

Infelizmente, os pecados contra a unidade têm acompanhado sempre a vida terrena da Igreja. Além do filho da perdição (cf. Jo 17,12), a comunidade primitiva teve de confrontar-se com falsos profetas (cf. 1Jo 4,4) e com os que abandonaram a comunidade porque sinceramente não faziam parte dela (cf. 1Jo 2,19). São Paulo teve de alertar contra "os que provocam divisões e criam obstáculos à doutrina" (Rm 16,17). Ele próprio teve de intervir decididamente na comunidade de Corinto, para superar suas divisões (cf. 1Cor 1,12), provocadas por gente material, privada do Espírito (cf. Jd 19).

Infelizmente, também na Igreja dos nossos dias não falta o escândalo das divisões em diversos níveis. A Eucaristia deveria constituir para todos um forte apelo a manter a unidade no seio das famílias, das comunidades paroquiais, dos movimentos eclesiais, das ordens religiosas, das dioceses. A Eucaristia oferece igualmente a graça de restabelecer a unidade dos cristãos, membros do corpo de Cristo: "Uma vez que existe um só pão, nós, que somos muitos, formamos um só corpo, visto participarmos todos desse único pão" (1Cor 10,17).

A "oração sacerdotal" de Jesus Cristo estende-se a todos os que acreditam nele (cf. Jo 17,20). Infelizmente, ao longo da história, o cristianismo sofreu dolorosas divisões em várias Igrejas e comunidades eclesiais. Perante esse pecado, que é causa de escândalo para o mundo, deve-se rezar e trabalhar para que se recomponha a única túnica sem costura de Jesus (cf. Jo 19,23-24) e se mantenha intacta a rede dos pescadores de seres humanos (cf. Mt 4,19; Jo 21,11). Trata-se da obra de Deus, para cuja realização todos os cristãos são chamados, segundo a própria vocação e responsabilidade. Todos, porém, têm o dever de rezar para que se cumpra a palavra de Jesus Cristo: "Tenho ainda outras ovelhas, que não são deste redil. Preciso conduzi-las também; elas hão de ouvir a minha voz, e haverá um só rebanho e um só pastor" (Jo 10,16). A essa palavra do Senhor segue a oração de toda a Igreja, que, pela boca do seu pastor universal, dirige a súplica: "Senhor, lembrai-vos do que prometestes. Fazei com que sejamos um só pastor e um só rebanho. Não permitais que a vossa rede se rompa, e ajudai-nos a ser servidores da unidade".[13]

A Eucaristia e o ecumenismo

86. O ecumenismo é, certamente, um dom do Espírito Santo e um caminho obrigatório para a Igreja. Depois do Concílio

---

[13] Benedictus XVI, Homilia (24 aprilis 2005): *L'Osservatore Romano* (25 aprilis 2005), 5.

Ecuménico Vaticano II e do decreto sobre o ecumenismo *Unitatis redintegratio*, foi percorrido um longo e frutuoso caminho nas relações com as Igrejas e comunidades eclesiais, fomentando os vínculos de unidade, já existentes em diversos âmbitos, na busca da plena união, em vista da celebração comum da Eucaristia. Nessa obra urgente e irrenunciável, existem relações especiais com as Igrejas orientais, a quem, embora na falta de uma plena comunhão, a Igreja católica reconhece a validade do seu sacramento da Eucaristia. Por isso que, em certas condições, é permitida a comunhão dos católicos nas ditas Igrejas e são aceitos os membros das mesmas no altar do Senhor na Igreja católica, quando eles não podem contar com um sacerdote validamente ordenado.

Progrediram positivamente também as relações com as comunidades eclesiais nascidas da reforma. Com elas, a experiência de um caminho delicado e prometedor é, em boa parte, condicionada à relação com o sacramento da Eucaristia, como oportunamente indicam as normas canônicas[14] e o *Diretório sobre o ecumenismo*.[15]

Nas respostas aos *Lineamenta* sublinha-se que a liturgia deve ser respeitada como manifestação de culto da Igreja, e não aproveitada para qualquer iniciativa social. O papa

---

[14] Cf. *Codex Iuris Canonici*, can. 844, § 4; *Codex Canonum Ecclesiarum Orientalium*, can 671, § 4.

[15] Cf. Pontificium Consilium ad Unitatem Christianorum fovendam, *Directorium œcumenicum noviter compositum, Directoire pour l'application des principes et des normes sur l'œcumenisme* (25 Martii 1993), 129-131: *AAS* 85 (1993) 1088-1089.

João Paulo II, na linha do ensinamento do Concílio Vaticano II, declarou na sua primeira encíclica:

> Se bem que seja verdade que a Eucaristia foi sempre e deve ser ainda agora a mais profunda revelação e celebração da fraternidade humana dos discípulos e confessores de Cristo, ela não pode ser considerada simplesmente como uma "ocasião" para se manifestar uma tal fraternidade. Ao celebrar este sacramento, em que Cristo está realmente presente e é recebido, a alma se enche de graça e é-nos dado o penhor da glória futura, é necessário respeitar a plena dimensão do mistério divino.[16]

À luz desse ensinamento, compreende-se a afirmação de que a Eucaristia pressupõe a comunhão eclesial.[17] Portanto, ao dizer que a Eucaristia é sinal da unidade da Igreja, seu corpo, não se faz referência à natureza do sacramento, mas ao seu efeito próprio.[18]

Os encontros ecumênicos são uma ocasião privilegiada para melhor dar-se a conhecer a doutrina da Igreja sobre a Eucaristia e sobre a unidade dos cristãos. Embora aceitando com dor as divisões que impedem de participar juntos na mesa do Senhor, a Igreja não desiste de encorajar a oração para que voltem os dias da unidade plena dos que acreditam em

---

[16] Ioannes Paulus II, litt. enc. *Redemptor hominis* (4 Martii 1979), 20: *AAS* 71 (1979) 312.

[17] Cf. Ioannes Paulus II, litt. enc. *Ecclesia de Eucharistia* (17 Aprilis 2003), 35: *AAS* 95 (2003) 457.

[18] Cf. Paulus VI, litt. enc. *Mysterium fidei* (3 Septembris 1965), 2: *AAS* 57 (1965) 753.

Cristo.[19] No entanto, algumas respostas aos *Lineamenta* aludem a que, em certos encontros, os católicos nem sempre são claros na exposição da doutrina sobre a Eucaristia, e que, enquanto em alguns casos se exclui deliberadamente esse sacramento nas respectivas celebrações, em outros é incluído e todos são convidados, sem distinção alguma, a receber a comunhão. Registram-se igualmente, em certos lugares, problemas com algumas comunidades eclesiais nascidas da reforma, que fazem proselitismo entre os imigrantes, sobretudo de língua espanhola, convidando-os para os seus serviços religiosos, a que não poucas vezes dão o nome de "missa".

É, todavia, muito positivo o esforço de muitos pastores que, aderindo à doutrina da Igreja no assunto, com solicitude e caridade, contribuem para a desejada unidade eclesial, não esquecendo que a Eucaristia é a meta final do empenho ecumênico em vista da unidade da fé. Se é meta da unidade, é evidente que a celebração não pode ser o instrumento da unificação. Enquanto não for alcançada a unidade da fé, não se pode antecipá-la. Só à luz da unidade, pressuposta e confirmada pela Eucaristia, é que é possível compreender o sentido da "intercomunhão".

A Eucaristia e a intercomunhão

87. A divisão entre os cristãos é fonte de grande sofrimento. Trabalhar para restabelecer a comunhão com os irmãos

---

[19] Cf. *Catechismus Catholicæ Ecclesiæ*, 1398-1401.

separados, que não têm a mesma compreensão de fé na presença de Cristo na Eucaristia, é uma urgência imprescindível. Existem a respeito normas canônicas precisas e um claro ensinamento do magistério da Igreja, que encoraja a perseverar na busca da unidade, tendo, porém, sempre bem explícitos os motivos que impedem a plena comunhão e regulam a comunicação *in sacris*.[20] Muitos católicos conhecem e apreciam essa disciplina, porque a consideram um caminho seguro que leva a rezar pelos irmãos separados à espera da união.

Não obstante, como referem algumas respostas aos *Lineamenta*, dão-se casos de um mal-entendido igualitarismo, que levaram a certos erros. Muitos, de fato, pretendem comungar *in sacris* sem uma comunhão mais perfeita nos âmbitos doutrinal e eclesial. É estranha tal atitude, porque é errado não pertencer à comunidade eclesial e querer receber a comunhão eucarística, que é sinal de pertença; não aceitar os pastores e a sua doutrina e querer tomar parte nos sacramentos por eles celebrados. Tal maneira de pensar é devida, talvez, a uma falta de clareza sobre a diferença entre a unidade da Igreja e a unidade do gênero humano: aquela é sinal e instrumento desta, e ainda está por alcançar.

Além disso, nota-se nas respostas que, em certos casos, quem preside à celebração eucarística numa igreja católica, em que

---

[20] Cf. *Codex Iuris Canonici,* can. 844; *Codex Canonum Ecclesiarum Orientalium,* can. 671; *Catechismus Catholicæ Ecclesiæ,* 1399-1401; Ioannes Paulus II, litt. enc. *Ecclesia de Eucharistia* (17 Aprilis 2003), 45: *AAS* 95 (2003) 462-462.

participam pessoas não católicas, por vezes convida-as a aproximarem-se do altar para receberem uma bênção em lugar da comunhão, numa modalidade parecida com a distribuição do *antidoron* do rito bizantino. Em tais casos, a doutrina católica sobre a comunhão é apresentada sem confusões, e é observada. Igualmente, em diversas nações, os encontros ecumênicos processam-se no contexto de celebrações da Palavra, evitando toda ambigüidade acerca do sacramento da Eucaristia. Em qualquer dos casos, se os não-católicos ou não-cristãos tiverem de participar na santa missa, seria muito útil oferecer-lhes um opúsculo com as explicações essenciais da celebração, para que possam segui-la.

Por fim, muitas respostas aos *Lineamenta* exprimem a firme convicção de que uma fiel observância das orientações da Igreja em tema de intercomunhão eucarística é uma verdadeira expressão de amor para com Jesus Cristo no Santíssimo Sacramento e para com os irmãos das outras confissões cristãs,[21] além de ser um testemunho autêntico da verdade. Enquanto parece ser bastante vasta a aceitação de que a unidade na profissão da fé precede a comunhão da celebração eucarística, fica ainda por esclarecer o modo como apresentar o mistério eucarístico no contexto do diálogo ecumênico, de forma a evitar dois riscos opostos: as preclusões preconcebidas e o relativismo. Encontrar a justa medida é condição

---

[21] Cf. Ioannes Paulus II, litt. enc. *Ecclesia de Eucharistia* (17 Aprilis 2003), 46: *AAS* 95 (2003) 463.

essencial para manter uma abertura sadia e, ao mesmo tempo, preservar a verdade e identidade católicas.

Ite missa est

88. As palavras com que termina a celebração da Eucaristia, *Ite missa est*, evocam o mandato missionário dado pelo Senhor ressuscitado aos discípulos antes da sua ascensão ao céu: "Ide, pois, fazer discípulos de todas as nações" (Mt 28,19). De fato, a conclusão de toda a santa missa tem uma referência imediata ao envio à missão. Nela se empenham todos os batizados, cada qual segundo a própria vocação dentro do povo de Deus: os bispos, os sacerdotes, os diáconos, os membros da vida consagrada e dos movimentos eclesiais, e os leigos. No cumprimento dessa missão é essencial o testemunho, primeiro dever de todo cristão enviado ao mundo. De fato, "não existe testemunho sem testemunhas, como não existe missão sem missionários".[22] Tal característica da atividade missionária deriva das próprias palavras de Jesus: "O sinal por que todos vos hão de reconhecer como meus discípulos é terdes amor uns aos outros" (Jo 13,35). A missão é exigente e empenhativa para as capacidades humanas. Por isso, onde buscar força senão na Eucaristia, nascente inesgotável da missão, verdadeira fonte de comunhão e de solidariedade, de reconciliação e de paz?

---

[22] Ioannes Paulus II, litt. enc. *Redemptoris missio* (7 Decembris 1990), 61: *AAS* 83 (1991) 309-310.

A obra da evangelização tem como último objetivo o encontro pessoal de cada ser humano com Jesus Cristo, vivo e presente no sacramento do seu corpo e do seu sangue, que a Igreja oferece como pão para a vida do mundo. Também esta finalidade eucarística da missão tem a sua base no ensinamento de Jesus Cristo, que convida para a sua mesa todos os seres humanos de boa vontade, sem distinções, nem preconceitos (cf. Mt 22,1-13; Lc 14,16-24) e oferece o seu sacrifício para a salvação de todos (cf. Mt 26,26-29; Lc 22,15-20; Mc 14,22-25; 1Cor 11,23-25). A Eucaristia, portanto, é o ápice para que naturalmente tende toda a atividade missionária da Igreja, também a específica *ad gentes*. Que sentido poderia ter, com efeito, anunciar o Evangelho que não fosse o de levar todos à comunhão com Cristo e com os irmãos, de que a santa missa, antecipação do banquete eterno, é a expressão litúrgico-sacramental mais alta?

A Eucaristia é, portanto, o coração pulsante da missão; é a sua fonte autêntica e o seu único fim. O legítimo pedido, formulado em muitas respostas aos *Lineamenta*, de promover com renovado espírito o fervor missionário inerente à natureza da celebração eucarística nasce de um olhar apostólico cheio de zelo, lançado no alvor do terceiro milênio sobre este mundo, necessitado como nunca de paz, de amor e de comunhão fraterna, que só Jesus Cristo pode dar.

89. Por isso é que os cristãos devem afirmar a dimensão missionária da Eucaristia. Para eles, torna-se espontâneo anunciar aos seres humanos e ao mundo as maravilhas de Deus, encarnado e presente sob as espécies do pão e do vinho, que, por meio da comunhão, entra nas suas vidas

para transformá-las. Isso vale para os cristãos que vivem num mundo secularizado, onde os afastados, que são a maioria, vivem num contínuo tormento espiritual à procura de Deus, que, apesar de tudo, está perto deles. Esse zelo acompanha os missionários, que, impelidos pelo amor de Deus, propõem o primeiro anúncio da Boa-Nova às pessoas que ainda não conhecem o evangelho de Jesus Cristo ou não o conhecem de maneira adequada e plena.

O diálogo e o respeito pelos valores presentes nas realidades que encontram não podem coibir os cristãos de fazer a proposta missionária aos seres humanos de boa vontade, em obediência ao mandamento do Senhor: "Ide a todo o mundo e proclamai a Boa-Nova a todas as criaturas" (Mc 16,15).

Trata-se de uma tarefa, ao mesmo tempo entusiasmante e difícil, que exige plena dedicação, mesmo até o martírio. Nessa obra essencial para a Igreja, os discípulos do Senhor são fortalecidos com a Eucaristia, cuja celebração em todas as partes do mundo confirma a promessa: "Eu estou sempre convosco até o fim dos tempos" (Mt 28,20).

CONCLUSÃO

90. Com a celebração da XI Assembléia Geral Ordinária do Sínodo dos Bispos termina o Ano da Eucaristia, durante o qual toda a Igreja é chamada a dirigir o olhar para o grande mistério, que contém a razão mais profunda do seu ser e do seu viver. De fato, "a Igreja vive da Eucaristia";[1] nesta "se encontra todo o mistério da nossa salvação".[2] "Graças à Eucaristia, a Igreja constantemente renasce."[3] Não se podia, portanto, fechar o ano eucarístico sem um encontro colegial do sucessor de Pedro com os bispos, do chefe com os membros da ordem episcopal, para celebrar o grande dom da Eucaristia, alimentar-se do pão da vida, adorar a presença do Senhor no Santíssimo Sacramento e refletir sobre o precioso tesouro que Cristo confiou à sua Igreja. Assim, será possível prosseguir na missão evangelizadora com renovado ardor apostólico e com indicações pastorais concretas, correspondentes às expectativas da comunidade cristã e aos anseios mais profundos do ser humano contemporâneo.

Na carta apostólica *Mane nobiscum Domine*, o papa exortava os pastores a se empenharem para que a Eucaristia

---

[1] Ioannes Paulus II, litt. enc. *Ecclesia de Eucharistia* (17 Aprilis 2003), 1: *AAS* 95 (2003) 433.

[2] S. Thomas Aquinas, *Summa theologica*, III, q. 83, a. 4 c.

[3] Benedictus XVI, *Homilia* in Romani Episcopi Cathedræ possessione capienda (7 Maii 2005): *L'Osservatore Romano* (9-10 Maii, 2005), 7.

fosse celebrada com maior vitalidade e fervor, mas sobretudo com "uma maior interioridade".[4] O amor ao culto eucarístico passa por uma redescoberta da beleza da celebração do sacrifício eucarístico na oração de adoração e de ação de graças. Mas a recepção devota do Sacramento abre à esperança das realidades prometidas, para além dos horizontes estreitos do quotidiano, extremamente reduzidos por uma cultura sufocada pelo materialismo e pelo consumismo. A Eucaristia torna-se, assim, força de transformação das culturas, porque é epifania de comunhão, lugar de encontro do povo de Deus com Jesus Cristo morto e ressuscitado, fonte de vida e de esperança. A Eucaristia é germe de um mundo novo e verdadeira escola de diálogo, de reconciliação, de amor, de solidariedade e de paz.

91. As sombras na celebração da Eucaristia, a que se quis acenar para apresentar com realismo os dados fornecidos pelas respostas aos *Lineamenta*, dissipar-se-ão na medida em que o debate sinodal, portanto, eclesial, redescobrir a grandeza do dom do mistério eucarístico, sem jamais esquecer a finalidade principal do sínodo: procurar em profundidade, mediante a experiência da colegialidade episcopal, os caminhos que o Espírito Santo suscita hoje na Igreja, para que a Eucaristia seja verdadeiramente fonte e ápice da sua vida e missão, isto é, da nova evangelização, de que o mundo tem urgente necessidade.

---

[4] Ioannes Paulus II, litt. ap. *Mane nobiscum Domine* (7 Octobris 2004), 29: *L'Osservatore Romano* (9 Octobris 2004), 6.

De fato, toda a vida da Igreja encontra no mistério eucarístico — sacrifício, memorial, banquete — a sua fonte inesgotável de graça para celebrar a representação sacramental da paixão, morte e ressurreição de Cristo, para viver a experiência do encontro pessoal com o Senhor, para construir a comunhão eclesial sobre o fundamento sólido do amor, e pregustar a glória futura das núpcias do Cordeiro. Na vida da Igreja, tudo culmina no mistério eucarístico, meta final de todas as atividades: da catequese à recepção dos outros sacramentos, da devoção popular à celebração da divina liturgia, da meditação da Palavra de Deus à oração pessoal e comunitária. A Eucaristia é o coração da comunhão eclesial.

Se a Igreja é em Cristo como um sacramento, ou seja, um sinal e um instrumento da íntima união com Deus e da unidade de todo o gênero humano,[5] então a Eucaristia, presença viva do Senhor, torna-se também a fonte da missão universal da Igreja. Dela recebem a graça os bispos, os sacerdotes e os diáconos para anunciarem com zelo pastoral o Evangelho ao mundo de hoje; dela recebem coragem os missionários para levarem o feliz anúncio do reino até os confins da terra; dela obtêm força os membros da vida consagrada para viverem o ideal da vida cristã em pobreza, obediência e castidade; dela recebem luz e vigor os leigos para transformarem as realidades temporais segundo o mandamento novo do amor de Deus e do próximo; dela provém a audácia dos cristãos perseguidos para serem testemunhas

---

[5] Cf. Conc.Œcum. Vat. II, const. dogmat. de Ecclesia *Lumen gentium*, 1.

de Cristo no mundo. A missão de evangelização da Igreja tem como última finalidade a de todos os seres humanos se encontrarem, já nesta terra, com Cristo, presente no mistério eucarístico, em vista do encontro definitivo no banquete eterno. A Eucaristia, portanto, torna-se também o ponto culminante de todo o projeto pastoral e de toda a atividade missionária, e o núcleo da evangelização e da promoção humana. De fato, os que comungam do pão da vida e anunciam o seu mistério ao mundo devem também defender a vida em todas as suas manifestações, empenhando-se, mesmo, no devido respeito pela criação. Os fiéis que comem do pão descido do céu sentem o dever de contribuir para a construção de um mundo mais justo, em que se faça a vontade de Deus e se garanta a toda pessoa o "pão nosso de cada dia".

Na sua reflexão, os padres sinodais contarão com a oração de toda a Igreja, mas também com a intercessão dos santos, intérpretes qualificados da verdadeira piedade e teologia eucarísticas, que nos encorajam e apóiam no nosso peregrinar, entre as alegrias e os sofrimentos do mundo presente.

Entre eles resplandece a Mãe de Deus, que, quando deu a sua carne imaculada ao Filho de Deus — *Ave, verum corpus, natum de Maria Virgine* —, estabeleceu para sempre uma relação exclusiva com o mistério eucarístico. Em Maria, a mulher eucarística por excelência, a Igreja contempla não só o seu modelo mais perfeito, mas também a realização antecipada do "novo céu" e da "nova terra", que a criação inteira espera com fervoroso anseio. Invocando com confiança e devoção a sua proteção, a Igreja encontrará um novo impulso para que a Eucaristia seja a fonte e o ápice de toda a sua vida e missão, para glória de Deus e salvação dos seres humanos e do mundo.[6]

---

[6] Cf. Ioannes Paulus II, litt. ap. *Mane nobiscum Domine* (7 Octobris 2004), 31: *L'Osservatore Romano* (9 Octobris 2004), 6.

Sumário

PREFÁCIO 5

INTRODUÇÃO 13

 A Assembléia sinodal no Ano da Eucaristia 13

 O *Instrumentum laboris* e o seu uso 14

I PARTE
A EUCARISTIA E O MUNDO DE HOJE

Capítulo I : FOME DO PÃO DE DEUS 19

 Pão para o ser humano no mundo 19

 Alguns dados estatísticos essenciais 20

 A Eucaristia nos diversos contextos da Igreja 24

 A Eucaristia e o sentido cristão da vida 27

**Capítulo II : A EUCARISTIA
E A COMUNHÃO ECLESIAL** 31

 O mistério eucarístico, expressão
 de unidade eclesial 31

 A relação entre a Eucaristia e a Igreja,
 "esposa e corpo de Cristo" 33

A relação entre a Eucaristia
e os outros sacramentos 37

A estreita ligação da Eucaristia
com a penitência 42

A relação entre a Eucaristia e os fiéis 46

Sombras na celebração da Eucaristia 48

II PARTE
A FÉ DA IGREJA NO MISTÉRIO DA EUCARISTIA

**Capítulo I : A EUCARISTIA,
DOM DE DEUS AO SEU POVO** 53

A Eucaristia, mistério da fé 53

A Eucaristia, nova e eterna aliança...................... 55

A fé e a celebração da Eucaristia 56

A fé pessoal e eclesial 57

A percepção do mistério eucarístico
entre os fiéis 58

O sentido do sagrado na Eucaristia 60

**Capítulo II : O MISTÉRIO PASCAL
E A EUCARISTIA** 63

A centralidade do mistério pascal........................ 63

Os nomes da Eucaristia 64

Sacrifício, memorial e banquete 65

A consagração 67

A presença real 69

III PARTE
A EUCARISTIA NA VIDA DA IGREJA

Capítulo I : CELEBRAR A EUCARISTIA DO SENHOR 77

"Nós vos damos graças porque nos admitistes à vossa presença" 77

Os ritos de introdução 80

A liturgia da Palavra 81

A liturgia eucarística 83

A comunhão 86

Os ritos de conclusão 88

A *ars celebrandi* 89

A Palavra e o pão da vida 91

O significado das normas 94

Urgências pastorais 96

O canto litúrgico 98

O decoro do lugar sagrado 101

Capítulo II : ADORAR O MISTÉRIO DO SENHOR 105

Da celebração à adoração 105

Atitudes de adoração 107

À espera do Senhor 110

A Eucaristia dominical 112

IV PARTE
A EUCARISTIA NA MISSÃO DA IGREJA

Capítulo I: A ESPIRITUALIDADE EUCARÍSTICA 119

A Eucaristia, fonte da moral cristã 119

Pessoas e comunidades eucarísticas 123

Maria, mulher eucarística 125

Capítulo II : A EUCARISTIA E A MISSÃO DE EVANGELIZAÇÃO 129

Atitude eucarística 129

As implicações sociais da Eucaristia 131

A Eucaristia e a inculturação 132

A Eucaristia e a paz 136

A Eucaristia e a unidade 139

A Eucaristia e o ecumenismo 141

A Eucaristia e a intercomunhão 144

Ite missa est 147

CONCLUSÃO 151

Impresso na gráfica da
Pia Sociedade Filhas de São Paulo
Via Raposo Tavares, km 19,145
05577-300 - São Paulo, SP - Brasil - 2005